JACK NICKLAUS

DER SCHWUNG

JACK NICKLAUS

DER SCHWUNG

Mitautor
Ken Bowden

Ein Buch des
Golf
magazin

Jahr-Verlag GmbH & Co

Published by Golf Digest Inc.
Trade book distribution by Simon & Schuster Inc.
Originaltitel: The Full Swing

Jahr-Verlag GmbH + Co.
Burchardstr. 14, 2000 Hamburg 1

Deutsch von C. A. Freiherr von Thüna

Photographien: Steve Szurlej und Leonard Kamsler
Illustrationen: Jim McQueen
Umschlagentwurf: Ingo Mojen
Druck: Haferkamp, 2900 Oldenburg
Printed in Germany

ISBN 3-570-05846-8

Für Barbara

INHALT

Anmerkung des Herausgebers
EIN SPEZIALKAPITEL FÜR LINKSSPIELER

Dem Linksspieler bietet dieses Buch die seltene und wertvolle Chance, einen großen Meister aus „linker Sicht" zu sehen.

Auf den Seiten 175 bis 203 haben wir über 100 Lehrbilder „umgedreht", so daß sie Nicklaus als Linksspieler zeigen.

Wenn diese Bilder Ihnen als Anleitung dienen, werden Sie die Ratschläge von Jack sehr viel besser in die Praxis umsetzen und das Golf wird Ihnen daraufhin sicher sehr viel mehr Freude machen.

Einführung

EINE LEICHTERE ART ZU SCHWINGEN

Eine leichtere Art zu schwingen

Ich habe immer fest daran geglaubt, daß ein wirklicher Golf-Enthusiast niemals aufhört zu lernen. Unabhängig davon, wieviel Sie über dieses wundervolle Spiel bereits wissen: Es gibt immer noch mehr zu lernen. Unabhängig davon, wie weitgehend Sie das Spiel bereits beherrschen: Sie können immer noch besser werden.

Das hat sich auch in meiner Laufbahn immer wieder bestätigt; aber niemals stärker als in den ersten Monaten des Jahres 1980.

Bitterer Zwang brachte mich zwischen Januar und Mai dieses Jahres zu einem besseren Verständnis des vollen Schwunges, besser, als ich es jemals in meiner Laufbahn hatte. Ich erlebte sozusagen noch einmal meine Erfolge als junger Spieler, und ich erkannte, besser als damals, den Wert des unbeschwerten, jugendlichen Schwunges. Was aber noch wichtiger war – ich akzeptierte die Notwendigkeit und lernte die praktische Anwendung zahlreicher Veränderungen, von denen ich hoffte, daß sie eine im Lauf von zehn Jahren immer stärker sichtbare Verschlechterung meines vollen Schwunges aufhalten und umkehrten und gleichzeitig das Spiel für einen Mann von über 40 leichter und erfreulicher machen würden.

Mit diesem Buch möchte ich meine so gewonnenen, neuen Erkenntnisse so vollständig und so verständlich wie möglich an Sie weitergeben. Und wenn irgend etwas davon dem zu widersprechen scheint, was ich in früheren Golf-Clinicen oder Publikationen gesagt habe, so kann ich nur – wenn Sie wollen mit einer Entschuldigung – wiederholen, daß für mich wie auch für Sie Golf ein niemals endender Lernprozeß ist und bleiben wird.

Jedem, der sich meine Methode zum Vorbild genommen hat, möchte ich ausdrücklich erklären, daß mein voller Schwung im großen und ganzen unverändert geblieben ist. Die Grundzüge haben sich seit meiner Jugend nicht verändert, besonders in dem einen, so wichtigen Bereich der Vorbereitung auf den Schwung. Auch der gesamte Aufbau und die Gestaltung meines Schwunges sind an sich die gleichen geblieben.

Trotzdem bin ich überzeugt davon, daß ich auf Grund der Veränderungen den Ball heute besser und weiter schlagen kann als mit meinem Schwung gegen Ende der 70er Jahre. So glaube ich auch – was immer das bedeuten mag –, daß mein Schwung nach diesen Veränderungen dem Durchschnittsgolfer besser als Vorbild dienen kann, als dies vorher der Fall war.

Warum aber habe ich mich 1980 im Alter von 40 Jahren noch einmal „auf die Schulbank gesetzt"?

Ich habe das zum Teil schon einmal erzählt, möchte es aber hier noch einmal ganz ausführlich schildern, weil ich mir vorstellen könnte, daß es für Golfer, die ihr Spiel anhand dieses Buches verbessern wollen, eine hilfreiche Anleitung darstellt. Und dabei möchte ich als wichtigstes noch einmal unterstreichen, daß – wenn Sie dieses wundervolle Spiel wirklich lieben – Sie niemals aufhören sollten, mehr darüber zu lernen.

Unter der Anleitung von Jack Grout, einem großartigen Mann und dem besten Lehrer, der mir je begegnete, erlernte und entwickelte ich zwischen zehn und dreizehn den Schwung, mit dem ich bis zum Ende der 70er Jahre spielte. Er funktionierte zwei Jahrzehnte lang. Dann folgten ein paar Jahre unaufhaltsamen Rückschrittes und 1979 der Zusammenbruch. An meinem sonstigen Können gemessen spielte ich in dieser Saison miserabel und ohne jeden Erfolg. Am Ende des Jahres war mir klar, daß ich entweder ganz von vorn anfangen oder das Spiel an den Nagel hängen müßte.

Das aber wollte ich auf keinen Fall. Ich liebe das Golf von ganzem Herzen und wollte unbedingt weiterspielen; und abgesehen von meinem Problem mit dem vollen Schwung, sah ich auch keinen Grund, dies nicht zu tun.

Die Entscheidung war damals keineswegs so einfach, wie es scheinen mag. Ich war 40 Jahre alt, finanziell abgesichert, durch meine Geschäfte und den Bau von Golfplätzen voll in Anspruch genommen und führte ein glückliches Familienleben.

Ich hatte - außerhalb meiner persönlichen Golf-Saison von April bis Ende August - lange Jahre nichts für mein Golf getan. Außerhalb dieser Saison war ich zwar auch recht aktiv, genoß im übrigen aber mein Leben, in dem das Golf psychisch und physisch eine völlig untergeordnete Rolle spielte. Aber es gab natürlich das Problem mit dem Schwungwechsel. Ich wußte, daß ich den Schläger fast 30 Jahre lang einige tausendmal auf die mehr oder weniger gleiche Art und Weise geschwungen hatte und konnte mir, ehrlich gesagt, kaum vorstellen, es jemals anders zu tun.

Das war die negative Seite.

Auf der positiven Seite waren die große Unterstützung bei allen Entscheidungen durch meine Frau Barbara, das zunehmende Interesse meiner Kinder am Golf, meine eigene physische Fitness (sie war damals wahrscheinlich besser als zu irgendeiner anderen Zeit meines Lebens) und die Nähe von Jack Grout, der seit vielen Jahren zum ersten Mal einen Winter in Florida verbrachte. Schließlich und endlich war da noch mein alter, unerschütterlicher Perfektionismus und ein tief in mir sitzendes Gefühl, noch nicht den Gipfel des Erfolges erreicht zu haben, den die starken jungen Burschen nach mir einmal anstreben würden.

So entschloß ich mich, einen neuen und besseren Golfschwung zu finden.

Das war dann lange Zeit eine keineswegs erfreuliche Prozedur; und ich will Ihnen einen Schlag-für-Schlag-Bericht darüber ersparen. Als Vorschau auf den Inhalt dieses Buches halte ich es aber doch für nützlich, Ihnen die technischen Hintergründe für die Veränderungen und die Ergebnisse meiner Bemühungen detailliert zu schildern.

In der ersten Zeit wollte ich den Ball natürlich so hart und so weit wie möglich schlagen. Jack Grout unterstützte das auch bei allen seinen Schülern, erstens, weil es die Lümmel bei Laune hielt, weil er ferner daran glaubte, daß Schlaglänge eine äußerst wertvolle Waffe darstellt und außerdem aus eigener Tour-Erfahrung wußte, daß es wesentlich leichter ist, zuerst weit und dann gerade zu schlagen als umgekehrt.

Ein weiter Schlag verlangt einen großen Schwung, einen weiten, hohen, vollen Schwungbogen. Einen weiten Schwungbogen erreicht man am ehesten mit einem aufrechten, steilen Schwung. Da ich als Junge schon ziemlich groß war, neigte ich von Natur aus zu einem steilen Schwung, bei dem Jack mich voll und ganz unterstützte. Je weiter der Schwungbogen ist, desto höher bekommt der Golfer den Ball in die Luft. Im Waffenarsenal eines Golfers war ein hoher Ball mit den langen Schlägern für Jack nach der Schlaglänge das zweitwichtigste Instrument. So hatten bei allem, woran wir gemeinsam arbeiteten, das maximale Aufdrehen des Körpers und das Strecken der Arme die höchste Priorität.

Nachdem die Lernziele in bezug auf Länge und Flughöhe des Balles annähernd erreicht waren, galt es, sich auf die Kontrolle des Schlages zu konzentrieren. Zu der Zeit war Ben Hogan die herausragende Persönlichkeit im Golf und gleichzeitig berühmt für seinen Fade. Grout hatte Bens Karriere genau verfolgt und war zutiefst davon überzeugt, daß ein hochfliegender, weich aufsetzender Fade vor allem für den Longhitter der ideale Schlag für einen guten Score sei. Dazu kam, daß der Platz von Scioto, wo ich aufwuchs, einen Schlag von links nach rechts mehr begünstigte als einen solchen von rechts nach links. So wurde der Fade mein „tägliches Brot" und mit ihm die Neigung zu einer eher aufrechten Schwungbahn meines Schlägers.

Zu der Zeit waren die Roughs in Scioto oft lang und tief; und bei meinem aggressiven langen Spiel war es natürlich unvermeidlich, daß ich mich häufig darin aufhielt. In dem Bemühen, aus diesem Rough wieder herauszukommen, merkte ich, daß sich das hohe, nasse Gras bei einem steilen Schwung nicht so leicht um Schlägerkopf und Schlägerhals wickelte und ich auf diese Weise den Ball weiter und gerader herausschlagen konnte. Wieder einmal erschien der aufrechte Schwung für mich als die optimale Methode.

Die vier beschriebenen Faktoren haben in den ersten drei Jahren meines Golferlebens meinen Schwung geformt. Von dem Tag an war die Schwungbahn meines Schlägers wesentlich aufrechter als bei der Mehrzahl der großen Golfer, gegen die ich im Lauf der Zeit antreten sollte. Und ich erinnere mich sehr wohl daran, daß dieser Schwung häufig Gegenstand nicht immer positiver Kommentare der führenden Analytiker war. Aber Grout und ich ignorierten die abträglichen Bemerkungen aus gutem Grund.

Obwohl mein Schwung nämlich damals ungewöhnlich aufrecht erscheinen mußte, war er doch gleichzeitig außerordentlich „tief". Merken Sie sich dieses Wort, weil ich es im weiteren Verlauf der Geschichte noch häufig benutzen werde, und lassen Sie mich Ihnen erklären, was ich damit meine.

Meine Schultern neigten sich im Verlauf des Rückschwunges ziemlich weit nach vorn - was bei einer aufrechten Schwungbahn nicht zu vermeiden ist -, drehten sich aber trotzdem voll auf. Und obwohl meine Hände und Arme sich schon früh im Rückschwung weit vom Körper wegstreckten und am Ende des Rückschwunges ungewöhnlich hoch standen, so schwangen sie trotzdem nach innen und hinter meinen Körper.

Daraus ergab sich, daß der Schläger nicht nur hoch bzw. „aufrecht", sondern auch ganz betont hinter meinen Körper geschwungen wurde; und das bezeichne ich als „tief". Wenn Sie mich damals bei einem wirklich guten Schlag mit dem Driver oder einem anderen langen Schläger am Ende des Rückschwunges beobachteten, konnten Sie feststellen, daß der Schlägerschaft entweder direkt über oder sogar etwas hinter meiner rechten Schulter lag. Das war vielleicht nicht so „tief" wie bei einem kürzeren und flacheren Schwung, aber es war völlig ausreichend.

Es erfordert schon einige Kraft und ein gutes Zusammenspiel aller physischen Faktoren, eine solche mit Tiefe gepaarte Höhe des Schwunges zu erreichen. Da ich aber sozusagen von Kindesbeinen an ein Allround-Sportler war, hatte ich diese Fähigkeiten bei anderen sportlichen Aktivitäten glücklicherweise in ausreichendem Maß entwickelt. Und wenn mein Schwung demnach auch nicht dem klassischen Ideal der damaligen Zeit entsprach, so hat er sich doch unter der stets präsenten, subtilen Kontrolle von Jack Grout jahrelang bestens bewährt.

Wenn ich so zurückschaue, fingen meine Probleme eigentlich mit dem Umzug von Ohio an, von einer Gegend mit wenig Wind an die Ostküste von Florida, wo der Wind eigentlich immer bläst.

Je stärker der Wind aber ist, desto schwerer wird es, einen weiten, hohen und „tiefen" Golfschwung zu entwickeln und beizubehalten (daher sehen wir bei vielen autodidaktischen Texanern wie Ben Hogan und Lee Trevino einen flachen und ziemlich kurzen Schwung). Konstanter Wind nagt an Ihren Nerven und macht ein gleichmäßig sicheres Spiel so gut wie unmöglich. Das führt dazu, daß Sie den Schwung als solchen so schnell wie möglich hinter sich bringen wollen und daß Sie früher oder später Ihren Rückschwung verkürzen.
Ich war als Junge auch kein guter Windspieler, weil

Hier sehen Sie mich in der neuen „tieferen" Haltung am Ende des Rückschwunges. Obwohl Hände und Arme immer noch ziemlich hoch stehen, habe ich sie doch mehr um meinen Körper herum- und hinter ihn geschwungen und nicht so steil nach oben wie vor der Schwungveränderung

ich es damals noch nicht gelernt hatte, daß man, um den Ball flach zu halten, den Schläger weniger steil, also in einem flacheren Winkel und aus einer flacheren Schwungbahn heraus, in den Ball hineinschwingen muß. Wenn ich ganz ehrlich bin, so habe ich erst 1980, nach 30 Jahren Golf, die exakte „Geometrie" des Golfschwunges und ihren Einfluß auf den Flug des Balles richtig begriffen.

Mein Rückschwung änderte sich also, als ich anfing, hauptsächlich in Florida zu üben und zu spielen. Er blieb nach wie vor relativ steil, verlor aber immer mehr an „Tiefe".

Das wurde dadurch noch verschlimmert, daß ich Jack Grout zwar noch gelegentlich sah, aber eben nicht mehr fast jeden Tag wie früher. Da man sich selbst beim Schwung nicht sehen kann, und das Gefühl allein leicht täuscht, ist man ohne die Hilfe eines Lehrers, der einen genau kennt, niemals sicher, ob man auch wirklich das tut, was man sich vorgenommen hat. Hätte ich Ende der 60er und Anfang der 70er Jahre mehr mit Grout gearbeitet, so wären meine Probleme sicher nicht so belastend geworden. Sie wären zumindest sehr viel später aufgetaucht.

Es war immer meine Überzeugung, daß ein Mann sein Schicksal in erster Linie selbst bestimmt und sich deshalb auch nicht darüber beklagen sollte. Ich hasse auch Entschuldigungen. So ist es nur natürlich, daß ich die zunehmende Verschlechterung meines Schwunges völlig für mich behielt. Schließlich konnte ich den Ball immer noch recht gut kontrollieren, und mein Putten war auch nicht schlecht. Um mit dem Platz als solchem werde ich auf Grund meiner jahrelangen Erfahrungen nach wie vor genausogut fertig wie jeder andere. Selbst gegen Ende der 70er Jahre, als meine Drives schon kürzer waren und ich mehr auf die Mitte des Fairways und die Mitte des Grüns spielte anstatt auf die Fahne, konnte ich immer noch gewinnen. Ich war nicht mehr der große Kämpfer der früheren Jahre, konnte mir bei den Turnieren aber trotzdem immer noch eine gewisse Chance ausrechnen.

Das änderte sich erst 1979. Es war, milde ausgedrückt, ein mühsames und äußerst frustrierendes Golf-Jahr. Am Ende stand ich dann, wie schon gesagt, vor der Entscheidung, dem Spiel entweder einen neuen Sinn zu geben oder aufzuhören.

An dieser Stelle sollte ich wohl doch darauf hinweisen, daß Jack Grout, der besorgte Freund und exzellente Lehrer, während meines langsamen, langen Niederganges keineswegs unbewegt abseits stand. Nur wenige Leute würden mir – vor allem in bezug auf Golf – die Wahrheit offen ins Gesicht sagen. In seiner ruhigen, ausgeglichenen Art war Jack aber immer und überall völlig offen zu mir. Sein Urteil in wenigen Worten war: „Du hast dich beim Schwung immer mehr aufgerichtet. Du schwingst sehr hoch – was gut ist, aber dein Schwung hat keine ‚Tiefe' mehr – und das ist schlecht. Wenn du dagegen nicht etwas unternimmst, wird deine Karriere sehr viel kürzer sein, als wir beide es wünschen!"

Das Problem war, daß ich Jack zwar hörte, ihm aber nicht richtig zuhörte. Wir arbeiteten immer wieder zusammen, um dem Schwung seine Tiefe wiederzugeben; aber ich konnte mich im Spiel niemals wirklich darauf verlassen. In der Angst, zwischen der alten und neuen Methode den richtigen Weg zu verfehlen und schließlich völlig zu versagen, war ich einfach nicht in der Lage, mich zeitlich und körperlich auf einen neuen Golfschwung zu konzentrieren und mich umzustellen.

Als ich es dann Anfang des Jahres 1980 endlich schaffte, passierte es nicht etwa auf dem Übungsplatz. Mit Zustimmung und Unterstützung meiner Geschäftspartner innerhalb und außerhalb der Golden Bear Inc. schraubte ich meine Nicht-Golf-Aktivitäten vor allem während der Zeit der Masters auf ein absolutes Minimum zurück. Anstatt wie bisher morgens ins Büro und am Nachmittag vielleicht auf den Golfplatz zu gehen, machte ich es mir zur festen Regel, am Morgen auf den Golfplatz und am Nachmittag vielleicht ins Büro zu gehen. Und als letztes überredete ich Jack Grout, seine Zelte nicht nur für ein paar Monate in der Entfernung von einem Drive und Holz 3 von meiner Wohnung aufzuschlagen, sondern jeden Tag mit mir zu arbeiten, wie er es mit so großem Erfolg in meinen frühen Golf-Jahren getan hatte.

Um nun die Veränderungen, die wir uns vorgenommen hatten, richtig zu verstehen, muß man erst einmal wissen, wie ein besonders steiler Schwung im Treffmoment zur Wirkung kommt und inwieweit die Schlägerkopfgeschwindigkeit davon beeinflußt wird, daß der Rückschwung nicht genügend „tief" ist.

Je steiler ein Rückschwung ist, desto steiler – und nicht in einem weiten Bogen – kommt auch der Schlägerkopf beim Abschwung von oben in den Ball. Je steiler aber der Schwungbogen des Schlägerkopfes ist, desto schwerer ist es, den Ball richtig square zu treffen. Es wirkt – was ich nach dem Gefühl beim Treffen eher einen „schrägen" Schlag nennen möchte – so, als ob das Schlägerblatt im Treffmoment am Ball vorbeirutscht, und nicht das herrliche Gefühl, das man hat, wenn er richtig eins hinten drauf bekommt. Am Anfang der 70er Jahre war mir das Gefühl für schlecht getroffene Bälle leider zur Gewohnheit geworden.

Schlaglänge im Golf ist das Produkt aus Schlägerkopfgeschwindigkeit plus Square-Auftreffen des Schlägerkopfes auf den Ball. Eine Lektion, die ich Anfang 1980 lernte, besagte, daß das Square-Auftreffen genauso von dem Auftreffwinkel des Schlägerkopfes abhängt wie vom Verlauf der Schwungbahn im Verhältnis zur Linie zum Ziel. Ich verlor Länge und bis zu einem gewissen Grad auch die Kontrolle über den Schlag, weil ich zu steil von oben in den Ball hineinschlug – also zu „schräg". Und durch den steilen Schwung verlor der Schlag nochmals an Länge, weil die Geschwindigkeit des Schlägerkopfes dadurch niedriger sein mußte.

Die Schlägerkopfgeschwindigkeit rührt letzten Endes doch aus der Zentrifugalkraft, die ihrerseits aus der Hebelwirkung der Arme und dem Aufdrehen des Körpers entsteht. Um es klar auszudrücken, will ich es etwas vereinfachen. Je „tiefer" Ihr Rückschwung ist, desto größer ist die Hebelwirkung, die als Zentrifugalkraft im Durchschwung zum Einsatz kommt. Anders ausgedrückt – je weniger Sie den Oberkörper *aufdrehen* und die Arme beim Rückschwung *hinter* den Oberkörper schwingen, desto weniger Schlägerkopfgeschwindigkeit gewinnen Sie und desto kürzer wird Ihr Ball.

Das Maß, bis zu dem ein Golfer seinen Körper beim Rückschwung aufdreht, wird weitgehend durch den Schwung der Arme bestimmt. Je direkter die Arme nach oben anstatt nach *oben und hinten* geschwungen werden, desto früher ist das Aufdrehen des Körpers beendet. Diese unfreiwillige Reaktion rührt aus dem falschen Gefühl, durch das Hochschwingen der Arme allein einen vollständigen Rückschwung ausgeführt zu haben. Dabei ist das eher eine höchst lässige Art, den Schläger zu heben und von oben in den Ball hineinzuhacken. Man findet sie häufig bei Wochenend-Golfern, und sie ist wahrscheinlich auch der Grund dafür, daß der Schlag dieser Spieler keinen Mumm hat und kurz ist.

„Vollende den Rückschwung", war eigentlich der wichtigste Gedanke in meiner ganzen Laufbahn. Aber gegen Ende der 70er Jahre fiel es mir immer schwerer, den Zustand zu erreichen und das Gefühl zu haben, am Ende des Rückschwunges voll „aufgedreht" zu sein. Und ich sagte ja schon, daß meine Schläge damals auch erheblich an Länge verloren. Das lag an dem zu steilen „Angriffswinkel", resultierend aus einem Rückschwung mit zu wenig „Tiefe".

So stellten Grout und ich uns Anfang 1980 die Aufgabe, meinen Schwung flacher und tiefer zu machen, um den Schlägerkopf aus einem weiteren und weniger steilen Schwungbogen auf den Ball auftreffen zu lassen.

Klingt ganz einfach!? Nun – wenn Sie je unter einem so richtig festgefressenen Fehler gelitten und sich mit aller psychischen und physischen Kraft bemüht haben, ihn loszuwerden, so können Sie sich wahrscheinlich vorstellen, wie unendlich schwer es sein kann, einen scheinbar so kleinen Fehler auszumerzen. „So willig der Geist auch sein mag, das Fleisch kann unwahrscheinlich schwach sein!" Immer wieder dachte ich, ich hätte es geschafft – und dann sah ich, wie Grout und andere Kenner meines Spiels traurig den Kopf schüttelten. Es war hart!

Im Lauf von etwa vier Monaten wurde mein Schwung dann stufenweise „umgebaut". Jeder einzelne Wechsel war ein Teil des Ganzen, und so griff eins ins andere. Zum besseren Verständnis will ich aber doch versuchen, sie einzeln zu beschreiben.

Diese Bilder zeigen den Wechsel beim Ansprechen des Balles von der alten Haltung (oben) zur neuen (rechts). Der Oberkörper und mit ihm auch Kopf und Schultern sind jetzt aufrechter, und ich bemühe mich, diese Haltung während des ganzen Schwunges beizubehalten

Veränderung No. 1 Aufrechter stehen beim Ansprechen des Balles

Die erste und vielleicht kritischste Veränderung bestand darin, daß ich beim Ansprechen des Balles aufrechter stand als bisher und diese aufrechtere Haltung in Hüften, Schultern und Kopf auch während des ganzen Schwunges beibehielt.

Je weiter nämlich der Körper beim Ansprechen nach vorn geneigt ist, desto mehr werden Schultern und Hüften beim Rückschwung abknicken und der Kopf nach vorn kippen. Je stärker aber dieses Abknicken und Kippen ist, desto schwerer wird es, den Oberkörper und die Arme vom Ball weg richtig nach hinten aufzudrehen und zu schwingen.

Selbst in meinen besten Anfangsjahren neigte ich leicht dazu, mich beim Ansprechen zu sehr ,,über den Ball zu beugen''. Nachdem Grout mich dann aufgerichtet hatte, kam ich mir zuerst wie ein strammstehender Soldat auf dem Paradeplatz vor. Noch schlimmer war das Gefühl, selbst nach einem halbwegs korrekten Rückschwung aus dieser unbequemen Stellung, den Schlägerkopf niemals an den Ball bringen zu können, ohne vorher mit den Schultern nach außen zu schwingen und dann von außen und oben in den Ball hineinzuschlagen.

Mit bewunderungswürdiger Geduld überzeugte Grout mich schließlich davon, daß die Ursache zu diesem Gefühl bei mir darin zu suchen sei, daß der Schlägerkopf aus diesem ,,übersteilen'' und nicht voll aufgedrehten Rückschwung heraus einfach nicht optimal auf den Ball auftreffen konnte. Da mein Oberkörper während des ganzen Schwunges zu ,,tief'' war, hielt ich meine Hände und Handgelenke im Schwung unbewußt zurück, um nur ja nicht hinter dem Ball in den Boden oder von außen nach innen durch ihn hindurchzuschlagen. Jack faßte es sehr gut zusammen, indem er mir erklärte, daß ich mich in all den Jahren nie richtig voll nach dem Ball gestreckt hatte und daß man ohne dieses volle Strecken den Ball eben nicht optimal treffen kann.

Als ich es dann endlich geschafft hatte, aufrechter zu stehen und aufrechter zu bleiben und dann so rechtzeitig zuzuschlagen, daß ich im Treffmoment voll nach dem Ball gestreckt war, da kam mein Schlägerkopf großartig an den Ball, bevor die Schultern überhaupt nach außen und von oben herunterschwingen konnten. Meine Divots wurden flacher und gerader, und ich konnte auch flache Bälle ohne besondere Anstrengungen schlagen. Wichtiger noch als alles andere aber war die Tatsache, daß meine frühere Länge langsam zurückkam.

Veränderung No. 2
Kopf mehr in der Mitte

Die zweite wichtige Veränderung betraf die Haltung meines Kopfes zur Lage des Balles beim Ansprechen. Je steiler ein Schwung ist, desto mehr müssen die Beine sich im Ab- und Durchschwung nach vorn verschieben, um zu verhindern, daß der Schlägerkopf vor dem Treffmoment nach außen schwingt. Je stärker der Golfer aber seine Beine in dieser Weise in den Schlag bringt, desto weiter glaubt er, seinen Kopf zurücknehmen zu müssen, damit er nur ja nicht zu früh nach vorn fliegt. Er muß sich dann auch ziemlich weit hinter den Ball stellen, um ihn wirklich am tiefsten Punkt des Schwungbogens klar treffen zu können.

Meine Beine waren immer der bei weitem stärkste Teil des Körpers, und darin sah ich in jungen Jahren ein großes Plus. Aber die Zeit fordert bekanntlich ihren Tribut, und so fiel es mir mit zunehmendem Alter immer schwerer, die Beine im Schlag so stark einzusetzen, wie ein steiler Schwung es erfordert. Das verschlimmerte sich im gleichen Maß, wie mein Schwung an Tiefe verlor.

Und nun kommen wir zu der etwas subtilen Frage der Kopfhaltung und ihren Einfluß auf den Verlauf des Rückschwunges.

Ich kann Ihnen das am besten anhand eines kleinen Experimentes erklären. Stellen Sie sich mit einem Ihrer längeren Schläger an den Ball und halten Sie Ihren Kopf so, wie der liebe Gott ihn Ihnen aufgesetzt hat – also mehr oder weniger zentral über dem Körper. Schwingen Sie den Schläger nun zurück und drehen Sie dabei Schultern und Arme als eine Einheit *direkt* vom Ball weg. Der Bewegungsablauf ist dann korrekt, wenn beide Oberarme nahe am Oberkörper bleiben und der Schläger sofort nach innen schwingt. Sie werden es als eine ganz natürliche und leichte Drehbewegung empfinden, und die Schultern werden sich dabei so gut wie gar nicht nach vorn beugen.

Stellen Sie sich nun erneut an den Ball, drehen Sie den Kopf aber diesmal mehr nach hinten vom Ziel weg, so daß er mehr oder weniger über dem rechten Bein steht. Und jetzt versuchen Sie mal, sich beim Rückschwung genauso *direkt* vom Ball wegzudrehen, wie Sie es vorher getan haben. Es wird Ihnen zumindest schwerfallen. Im schlimmsten Fall werden Ihre Arme auch außen und oben von Ihrem Körper wegschwingen, während die Schultern sich mindestens so weit nach vorn beugen, wie sie sich drehen.

Als Jack mich endlich dazu gebracht hatte, den Kopf mehr zentral zu halten und ihn dort auch zu lassen, fiel es mir sofort viel leichter, meinen Oberkörper richtig *aufzudrehen* und die Arme vom Beginn des Rückschwunges an gleich nach *innen* und oben zu schwingen. Leider hat es sehr lange gedauert, das zu kapieren. Die veränderte Kopfhaltung bestimmte nämlich ganz entscheidend den weiteren Lernprozeß. In Verbindung mit einer aufrechteren Kopfhaltung bewirkte sie, daß mein Rückschwung endgültig und *zuverlässig* tiefer und flacher wurde.

Während ich den Kopf beim Ansprechen früher weit nach hinten gedreht fast über dem rechten Fuß hielt (oben), ist er jetzt mehr in der Mitte, gerade hinter dem Ball (links). Bei dieser neuen Kopfhaltung kann ich den Oberkörper leichter aufdrehen und die Arme besser nach innen und oben schwingen

Je flacher aber ein Rückschwung wird, desto weniger müssen die Beine im Ab- und Durchschwung in den Schlag gebracht werden. Dadurch verlagerte sich nun der tiefste Punkt meines Schwungbogens etwas nach hinten, was ich aber leicht dadurch ausgleichen konnte, daß ich den Ball etwas mehr vom rechten Fuß spielte.

Anstatt meinen rechten Ellbogen „fliegen zu lassen" – wofür er 30 Jahre lang berühmt war (oben) –, biege ich ihn jetzt schneller ab und halte ihn während des ganzen Rückschwunges näher an meiner rechten Seite. Dadurch kann der Schläger früher nach innen und tiefer zurückschwingen

Veränderung No. 3 Der rechte Ellbogen knickt früher ein

Die dritte und letzte große Veränderung betraf den Schwung der Arme und war an sich fast die größte Abkehr von der bisherigen Methode.

Bis zum Jahr 1980 fiel mir die Vorstellung schwer, daß ein guter Golfer überhaupt erfolgreich sein könnte, ohne seinen Schlägerkopf sowohl vor als auch nach dem Treffmoment im denkbar weitesten Bogen zu schwingen. Deshalb legte ich in meinem eigenen Spiel wie auch in meinen Golf-Clinicen und Büchern immer größten Wert auf äußerste Streckung der Arme. Ich war fest davon überzeugt und betonte es auch immer wieder, daß die Arme bei Rück- und Durchschwung gar nicht weit genug vom Körper weggeschwungen werden könnten. Wenn ein Golfer bei voll vom Körper weggestreckten Armen so tief nach hinten schwingen kann, wie ich es vor 20 Jahren konnte, so ist das gut und richtig. Es ist schließlich keine Frage, daß der weiteste und zugleich tiefe Schwung den weitesten Schlag auslöst. Schwierig wird das erst, wenn die Tiefe nachläßt.

Aus eigener schmerzlicher Erfahrung weiß ich, daß zu früh und zu weit gestreckte Arme im Verhältnis zur Drehung des Oberkörpers leicht zu schnell und zu weit nach außen und oben schwingen. Man glaubt dann, einen vollendeten Rückschwung auszuführen, dreht den Körper nicht genügend auf und erreicht daraufhin nicht die optimale Tiefe des Rückschwunges.

Ich kam aus diesem Teufelskreis nur dadurch heraus, daß ich das Konzept meines Armschwunges von Grund aus umstellte.

Anstatt die Arme gleich nach dem Einsetzen des Rückschwunges so weit wie möglich vom Körper wegzustrekken, hielt ich die Oberarme jetzt zumindest in der ersten Hälfte des Rückschwunges mehr am Oberkörper. Um das zu erreichen, mußte ich den rechten Ellbogen – der, wie Sie sich erinnern werden, bei mir 30 Jahre lang „hochflog" – unmittelbar nach dem Einsetzen des Rückschwunges abbiegen und ihn dann so lange und so nahe wie möglich an meiner rechten Seite halten. Beides konnte ich mir dadurch erleichtern, daß ich einen etwas „schwächeren" Griff anwandte, das heißt, meine Hände am Griff etwas mehr nach links drehte. Innerlich mußte ich mich noch darauf einstellen, daß mein Schlägerkopf jetzt wesentlich schneller nach innen schwang und die Schlagfläche sich erheblich schneller aufdrehte, als es bisher der Fall war.

Vier Fotoserien meines neuen Schwunges

Nachdem der Schläger am Ende des Rückschwunges nun endlich in der richtigen Position war, galt es, sich um ein volles Strecken im Treffmoment zu bemühen, indem ich alle Kraft in dem Augenblick einsetzte, in dem sich das Gewicht beim Abschwung nach links verlagerte. Dann konnten Hände und Handgelenke den Schlägerkopf so frei und so schnell wie nur möglich in den Ball hineinpeitschen. Zeitlebens war voller Einsatz der Kraft vom Beginn des Abschwunges an eine feste Grundregel gewesen. Meine Schwungfehler machten mir eine Befolgung dieser Regel mit der Zeit aber immer schwerer. Was war es da für eine Freude im Frühjahr 1980, als es mir endlich wieder gelang, dem Ball richtig eins hintendrauf zu geben!

Mit Ausnahme des vollen Einsatzes der Schwungkraft hätte ich alle die hier beschriebenen Veränderungen 30 Jahre lang als absolute Häresie angesehen. Heute weiß ich, daß ich nur durch sie meinen Schwung völlig neu aufbauen konnte.

Aufrechtere Haltung, mit dem Kopf mehr zur Mitte gerichtet, ergab eine Stellung, aus der heraus es eher viel einfacher war, den Schläger sowohl nach oben als auch *hinter* mich zu schwingen. Indem ich die Arme jetzt nach *innen* und oben anstatt eher nach *außen* und oben schwingen ließ, brachte ich den Schläger am Ende des Rückschwunges endlich in eine Position, aus der heraus ich ihn immer wieder und ohne große Überlegung in der korrekten Bahn mit dem korrekten Winkel und in der optimalen Geschwindigkeit in den Ball hineinschwingen konnte.

Das also waren für mich die drei fundamentalen Veränderungen. Natürlich gab es noch einige weitere Verfeinerungen, teils zur Unterstützung der drei Hauptveränderungen, teils als ihre Folge. Über sie werde ich Ihnen berichten, sobald wir zu der detaillierten Behandlung des entsprechenden Schwung-Segmentes kommen.

Ich möchte diesen Überblick über meinen „Midlife-Lernprozeß" beenden, indem ich noch einmal zusammenfasse, was er für mein künftiges Spiel bedeutet.

Zuerst einmal gewann ich einen Großteil meiner Länge zurück. Natürlich bin ich nicht mehr so lang wie mit 21; aber für das doppelte Alter ist es auch heute nicht schlecht. Auch die fast völlig verlorene Fähigkeit, kontrollierte Schläge von rechts nach links (Fade) zu spielen, kam so weitgehend zurück, daß ich jetzt mit den langen Schlägern manchmal sogar absichtlich einen Draw spiele. Als drittes ist zu sagen, daß meine Eisenschläge erheblich härter wurden - vor allem, was die kurzen Eisen angeht, die immer eine besondere Schwäche bei mir waren. Und dann fiel es mir plötzlich rein physisch viel leichter, den Schläger zu schwingen, und das zu einem Zeitpunkt in meinem Leben, an dem das recht wichtig war. Ich werfe meinen Körper immer noch voll in den Schlag, bin aber doch sehr viel mehr ein „Hände-Spieler" geworden, als ich es je für möglich gehalten hätte. Als fünftes gewann ich mein Selbstvertrauen zurück, noch einige Jahre lang Meisterschaften spielen zu können. Und als letztes und wichtigstes hatte ich wieder Freude am Spiel.

Ich hoffe, daß dieses Buch dazu beitragen wird, daß Sie noch lange Jahre Freude am Golf haben werden.

Teil 1

VOR-BEREITUNGEN AUF DEN SCHWUNG

Greifen des Schlägers

Ihr Griff ist das Fundament Ihres Golfschwunges

Anfang Januar, wenn die Feiertage vorüber sind, das Familienleben wieder in normalen Bahnen verläuft und die nächsten ,,Masters'' schon klar am Horizont zu erkennen sind, packt es mich jedes Jahr von neuem. Ich habe dann drei bis vier Monate kaum gespielt, und das verstärkt natürlich den Wunsch, wieder mit der Arbeit anzufangen. Erinnerungen an weniger erfolgreiche Turniere im vergangenen Jahr tragen das ihrige dazu bei.

In jedem neuen Jahr suche ich dann als erstes Jack Grout auf, um mit ihm ein Trainingsprogramm zu verabreden. Und ich habe ihn wahrscheinlich jedes Mal wieder mit den gleichen Worten begrüßt: ,,Okay, Jack, auf geht's. Fangen wir wieder ganz von vorn an!''

Wie ich Ihnen in der Einleitung zu diesem Buch schilderte, meinte ich das 1980 fast wörtlich und habe dann ja auch tatsächlich einen neuen Schwung gelernt. Normalerweise bat ich Grout jedesmal, die Grundregeln des Schwunges mit mir durchzugehen. Diese Grundregeln waren für mich in meiner ganzen Laufbahn so wichtig, daß ich schon rein psychologisch gar nicht in der Lage wäre, mich ohne diese Rekapitulation ernsthaft auf eine neue Saison vorzubereiten.

Manchmal dauerte das nur eine Stunde, manchmal einen Tag oder auch länger, je nachdem, wie stark ich inzwischen eingerostet und Jack mit mir entsprechend unzufrieden war. Und so sicher wie das Amen in der Kirche haben wir jedes Jahr wieder mit dem Griff angefangen - und sind erst weitergegangen, wenn wir damit hundertprozentig zufrieden waren.

Überrascht Sie das - Jack Nicklaus nimmt nach über 30 Jahren Turniergolf Stunden, um den Schläger richtig zu greifen? Nun, lassen Sie mich das etwas erläutern und Sie damit vielleicht noch mehr überraschen.

Grundsätzlich hat sich mein Golf seit meiner Kindheit nicht geändert. Kleine Veränderungen im Griff können sich einstellen, vor allem nach einer längeren Spielpause oder als unfreiwillige Reaktion auf einen Fehler in einem anderen Teil meines Spiels (so mußte ich zum Beispiel als Folge des veränderten Schwunges auch meinen Griff etwas umstellen). Das gilt für alle Golfer, auch für die, deren Namen Sie jeden Tag in den Zeitungen lesen.

Bei mir kann schon eine leichte Griffänderung die Differenz zwischen einer 65 und einer 75 ausmachen oder - wenn es ganz schlimm kommt - den Unterschied zwischen einem miserablen und einem erfolgreichen Jahr. Da man ja selbst nicht sehen kann, wie man den Schläger hält und schwingt, ist es oft sehr schwer, solche Abweichungen überhaupt zu entdecken. Deshalb eröffne ich das Jahr mit den Stunden bei Jack Grout und komme auch, wenn nötig, im Lauf der Saison immer wieder zu ihm zurück.

Wer einen solchen Aufwand treibt, will offenbar hoch hinaus. Es ist aber - und ich kann das nicht genug unterstreichen - im Grunde gleichgültig, ob Sie den Grand Slam gewinnen oder nur einmal pro Woche unter 100 spielen wollen; Sie werden Ihren Schläger immer nur so gut schwingen wie Sie ihn greifen.

Der Griff ist das Fundament Ihres Schwunges, und wenn dieses Fundament fest ist, so sind der Entwicklung Ihres Spiels kaum Grenzen gesetzt. Ist es dagegen schwach, so werden Sie wie bei einem Haus mit dem Rest des Aufbaus endlosen Ärger haben.

Wenn wir uns überlegen, was ein optimal funktionierender Griff alles „können" muß, so erscheint es nicht verwunderlich, daß große Spieler und Lehrer sich in der Geschichte des Golfs immer wieder so intensiv damit befaßt haben.

Ein Griff ist nur dann gut, wenn er:

1. den Schlägerkopf richtig ausrichtet und ihn auf der korrekten Schwungbahn vom Ball weg- und zu ihm zurückschwingt

2. den Handgelenken erlaubt, sich im Rückschwung ganz natürlich und in der im Verhältnis zur Schwungbahn des Schlägerkopfes richtigen Ebene abzuwinkeln

3. den Schlägerkopf mit höchster Geschwindigkeit auf

den Ball auftreffen läßt, und zwar als quasi unbewußte Reaktion auf die im Abschwung freigesetzte Zentrifugalkraft

4. den Schock des Treffmoments aushält, ohne sich dabei zu lockern.

Die Stellung der Hände bzw. ihre Ausrichtung, ihr Druck und ihr Zusammenspiel entscheiden darüber, inwieweit der Griff diese vier Forderungen erfüllt. Nichts davon geschieht von allein; schon gar nicht bei Golfern, die erst spät angefangen oder sich noch nie im Leben in anderen Schläger- und Ball-Spielen hervorgetan haben.

Geduld ist zur Beherrschung dieser ersten Grundregel also eine wichtige Voraussetzung.

Ist Ihr Schwung also in seinem Grundaufbau nicht in Ordnung, so liegt die Entscheidung für Sie eigentlich auf der Hand. Entweder arbeiten Sie daran, nehmen sich die Zeit und setzen alles daran, den Schwung neu aufzubauen, oder Sie resignieren und spielen den Rest Ihres Lebens weit unter Ihren eigentlichen Fähigkeiten.

So einfach, aber auch so hart, ist diese Entscheidung!

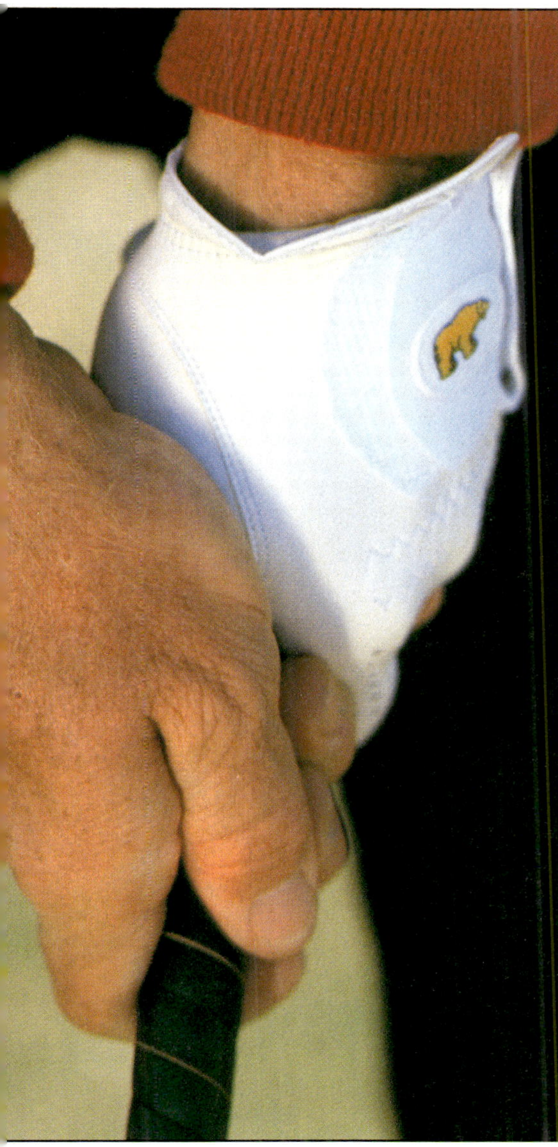

1
2
3
4

Das Ausrichten Ihrer Hände

Das Erkennen und Erlernen eines guten Griffs bedingt kein Pysikstudium; aber ein paar Kenntnisse über Ursache und Wirkung beim Golfschwung können schon ganz nützlich sein. Das Ausrichten der Hände und seine Bedeutung für das Ausrichten der Schlagfläche ist dabei zweifellos das wichtigste Moment.

Greifen Sie den Schläger mit weit nach rechts gedrehten Händen und stellen Sie die Schlagfläche dabei square hinter den Ball, so wird sie sich beim Abschwung mit Sicherheit zudrehen, geschlossen auf den Ball auftreffen und je nach Ihrer Schwungbahn einen Pull oder Hook verursachen. Drehen Sie die Hände beim Ansprechen des Balles dagegen stark nach links, so wird sich die Schlagfläche im Treffmoment höchstwahrscheinlich aufdrehen, und der Ball wird als Push oder Slice nach rechts abgehen.

Der Grund ist in beiden Fällen der gleiche. Unsere menschlichen Reflexe führen beim Golfschwung nun einmal dazu, daß die Hände instinktiv versuchen, bis zum Treffmoment wieder in eine lotrechte Stellung zurückzukehren. Nur wenigen guten Spielern ist es gelungen, diesen Prozeß durch kompensierende Bewegungen und viel Üben auszugleichen; aber ihre Karrieren waren stets unbeständig und kurz. Ich halte es für viel vernünftiger, von vornherein einen Griff zu lernen, der einen natürlichen Schwungablauf gewährleistet.

Jack Grout hat mir schon sehr frühzeitig und auf eine sehr simple Art und Weise einen solchen Griff beigebracht. Er nannte ihn den „Handschlag", und ich zeige es Ihnen hier. Sie brauchen nichts weiter zu tun, als geradezustehen, die Arme lose herunterhängen zu lassen, sie dann auszustrecken und die Hände ganz natürlich um den Schlägerschaft zu legen.

Versuchen Sie das mal, und Sie werden sehr bald merken, daß die Hände sich am Schaft ganz von selbst lotrecht zueinander und zur Rückseite des Balles ausrichten. Je näher Sie diesem Idealzustand kommen, desto besser wird Ihr Griff alle die vier vorhin aufgezählten Bedingungen erfüllen, vor allem die dritte – daß die Schlagfläche sich im Treffmoment von selbst square ausrichtet.

Müssen Sie diesen Griff modifizieren, so tun Sie es bitte nur vorsichtig, Schritt für Schritt, und achten Sie dabei darauf, ob und wie sich die Flugbahn des Balles verändert. Gehen die meisten langen Schläge gerade oder im Bogen nach rechts, so sind die Hände wahrscheinlich zu sehr nach links gedreht. Gerade oder im Bogen nach links fliegende Bälle deuten dagegen eher auf das Gegenteil, also zu sehr nach rechts gedrehte Hände hin.

Achten Sie vor allem darauf, daß die Hände nicht zu sehr nach rechts gedreht sind. Das erweckt bei vielen Amateuren die Illusion eines starken Griffs. Je „stärker" aber der Griff eines Golfers ist, desto schwächer ist meiner Erfahrung nach sein Schwung.

Die Lage Ihrer führenden Hand

Golf ist für mich ein Spiel mit zwei Händen, bei dem beide Hände zusammen bestimmte Aufgaben erledigen. Dabei leitet und kontrolliert die führende linke Hand den Schwung, während die rechte die Kraft auf den Schläger überträgt. Diese verschiedenen Rollen bestimmen die Art und Weise, wie ich den Schläger mit den beiden Händen greife und festhalte.

Man sagt, daß mein Driver sich vom Ende des Rückschwunges bis zum Treffmoment in weniger als $^1/_4$ Sekunde auf 160 km/st beschleunigt und die Kraft von fast einer Tonne auf den Ball überträgt. Wenn die führende Hand eine derartig geballte Energie präzise dirigieren und den Aufprallschock unbeschadet überstehen will, so muß sie den Schläger schon von Anfang an ganz schön fest greifen.

Ich erreiche die notwendige Sicherheit dadurch, daß ich den Schläger tief in den Handteller der linken Hand lege und ihn fest gegen die Handwurzel presse.

Größe und Stärke der Hände bestimmen, wie Handflächen und Finger am besten zusammenarbeiten, so daß die führende Hand den Schwung kontrollieren und den Stoß im Treffmoment abfangen kann. Nur Sie allein aber können die für Ihren Schwung optimale „Arbeitsteilung" herausfinden.

Sie sollten dabei folgendes nicht übersehen: Je tiefer Sie den Schläger in den Handteller legen, desto weniger können die Handgelenke sich im Rückschwung abwinkeln. Das kann einmal Länge kosten und auch zu einem Slice führen, weil die Schlägerkopfgeschwindigkeit nachläßt und die Schlagfläche im Treffmoment aufgedreht bleibt. Greifen Sie den Schläger dagegen mehr mit den Fingern, so erhöht sich die Schlägerkopfgeschwindigkeit, und die stärker einsetzenden Handgelenke schließen die Schlagfläche. Das aber ergibt dann sehr leicht einen Hook.

Sollten sich übrigens die Fingerspitzen der linken Hand beim Greifen des Schlägers zu stark gegen die Handwurzel der Hand pressen, so liegt der Schläger entweder zu tief in der Handfläche oder Sie müßten mit dikkeren Griffen spielen.

2

3

4

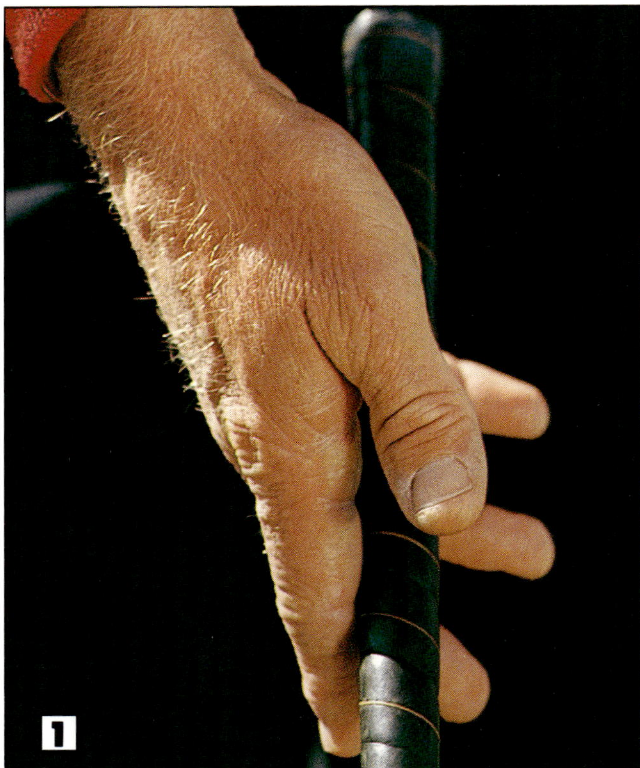

Die Lage der nachfolgenden zweiten Hand

Legen Sie einen Golfball in den Handteller Ihrer nachfolgenden (rechten) Hand und schauen Sie mal, wie weit Sie ihn werfen können. Auch bei großer Anstrengung wird es wahrscheinlich nicht sehr weit sein. Fassen Sie ihn nun mit den Fingern und werfen Sie ihn dann. Er wird bei halber Anstrengung mindestens doppelt so weit und außerdem wesentlich gerader fliegen. Die Vorstellung dieser beiden Würfe sollte eigentlich schon erklären, wieso vom ersten Golfschlag in der Geschichte an alle guten Golfer den Schläger *vorwiegend mit den Fingern* der rechten Hand greifen. Bei einem guten Golfschwung ist der Abschwung sozusagen ein Wettrennen zwischen dem Zurückdrehen des Körpers und dem durch Arme, Handgelenke und Hände ausgeführten Schwung des Schlägerkopfes. Trifft alles im Treffmoment präzise zusammen, so hat der Schlag ein perfektes „Timing".

Liegt der Schläger aber im Handteller der rechten Hand, so ist es rein physisch unmöglich, ihn mit Höchstgeschwindigkeit in den Ball hineinzupeitschen.

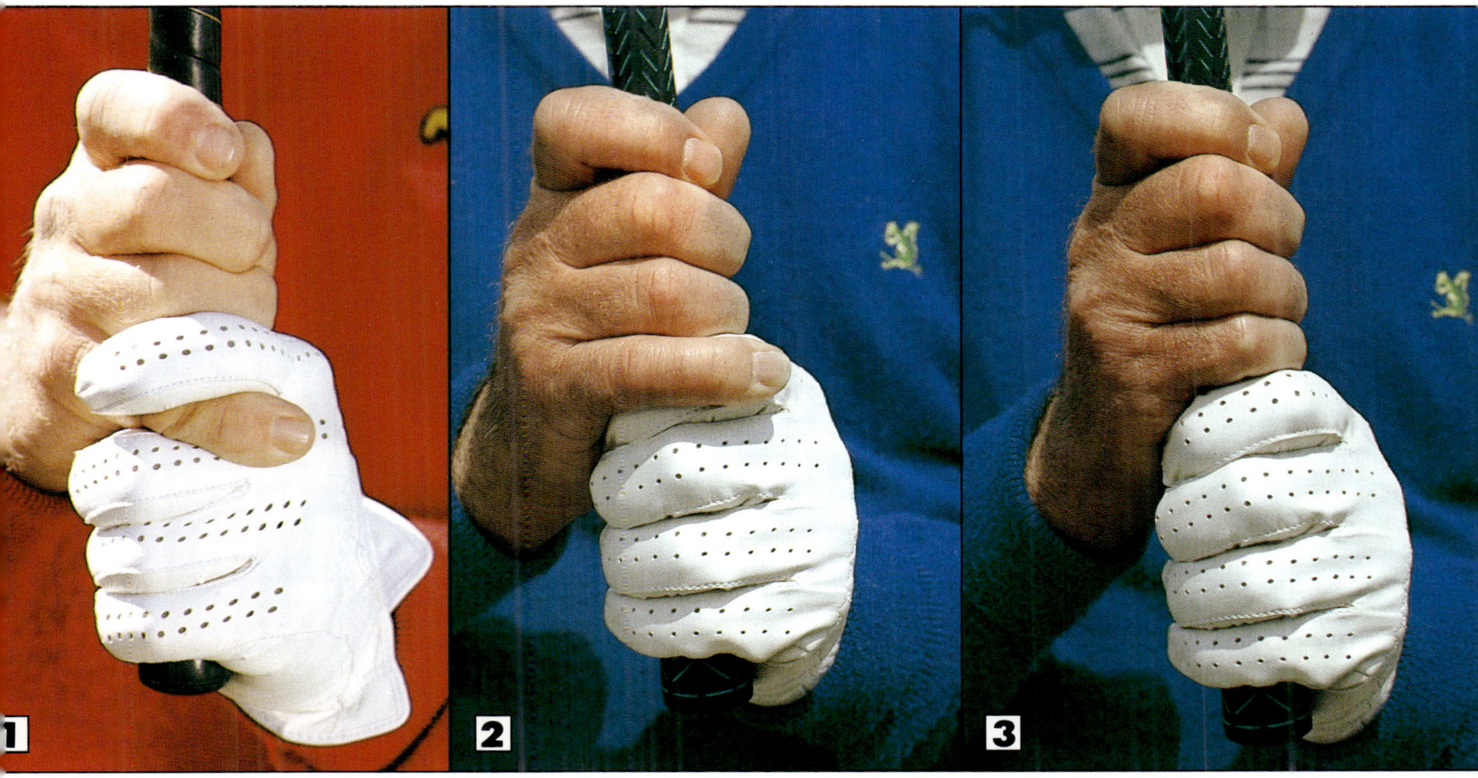

Das „Zusammenspiel“ beider Hände

Wenn die Hände sich beim Schwung nicht „einig“ sind, so ist es unmöglich, den Ball hart und sauber zu treffen.

Wenn Sie sie parallel an den Schaft legen, so werden sie gut zusammenarbeiten. Und sie werden es noch besser tun, wenn Sie sie so nahe wie möglich beieinander lassen.

Dieser „Zusammenhalt“ ermöglicht eine hohe Schlägerkopfgeschwindigkeit. Sie können sich davon überzeugen, indem Sie einen Baseballschläger zuerst mit nahe beieinanderliegenden Händen schwingen wie zu einem Homer und dann einen „bunting stroke“ mit auseinanderliegenden Händen ausführen. Welchen Gegenstand Sie auch immer mit zwei Händen schwingen werden, sein Ende wird um so langsamer schwingen, je weiter Ihre Hände am Griff voneinander entfernt sind.

Ich „verheirate“ meine Hände dadurch, daß ich den kleinen Finger der rechten Hand unter dem Zeigefinger der linken Hand hindurch und um sein unterstes Fingerglied herumlege. Man nennt das den „Interlocking Grip“. Ich benutze ihn aus drei Gründen. Ich fing mein Golf mit diesem Griff an und machte so schnell Fortschritte, daß ich keinen Anlaß zu einem Griffwechsel sah. Da ich ferner ziemlich kleine Hände habe, gibt der Interlocking Grip mir das Gefühl des Zusammenhaltens besser als der „Overlapping“ oder der „Zehn-Finger-Griff“. Und schließlich gibt mir die feste Verbindung der zwei Finger in jedem Stadium des Schwunges das Gefühl von Sicherheit und Zusammenhalt.

Meine Methode, die Hände miteinander zu verbinden, ist aber eine reine Idiosynkrasie. Der populärste Griff ist mit großem Abstand der „Overlapping Grip“, den Harry Vardon als erster vor fast 100 Jahren berühmt gemacht hat. Dabei liegt der kleine Finger der rechten Hand auf dem Zeigefinger der linken. Aber auch mit dem Zehn-Finger-(Baseball-)Griff ist immer wieder exzellentes Golf gespielt worden. Ihre Entscheidung sollte einzig und allein davon bestimmt werden, mit welcher der drei Methoden Ihre Hände in allen Stadien des Schwunges am sichersten und am besten zusammenwirken.

Gehen Sie bei der Wahl des Griffes von der Größe Ihrer Hände aus. Für Leute mit großen Händen und langen Fingern ist der Overlapping Grip sicher bestens geeignet. Gute Golfer, die mit dem Interlocking Grip spielen, haben dagegen eher kleine Hände und/oder „Knubbelfinger“. Den Zehn-Finger-Griff findet man bei guten Spielern nur höchst selten, weil bei ihm die rechte Hand leicht zu dominierend wird. Für Spieler mit besonders schwachen Händen kann er aber eine Hilfe sein.

Der richtige Druck beim Greifen des Schlägers

Der richtige Druck der Hände beim Greifen des Schlägers ist selbst für die meisten guten Golfer nur schwer zu bestimmen. Will er den Ball zum Beispiel extra hoch schlagen, so wird ein erfahrener Spieler den Schläger instinktiv eher etwas leichter greifen, weil bei einem leichten Griff die Handgelenke, Hände und schließlich auch der Schlägerkopf schneller zum Einsatz kommen. Soll der Schlag dagegen flach bleiben, wird der Experte seinen Schläger fester greifen, um dadurch die Schlägerkopfgeschwindigkeit und den Loft der Schlagfläche zu reduzieren. Aus etwa dem gleichen Grund wird er den Schläger bei einem beabsichtigten Fade fester greifen, weil die Schlagfläche ja leicht geöffnet auf den Ball auftreffen soll und nicht geschlossen wie bei einem Draw.

Von diesen Nuancen einmal abgesehen, glaube ich, daß mein Griff immer eher fest ist. Ich hatte in meinem Leben eigentlich immer einen großen, weiten Schwung, der mehr aus den Beinen und dem ganzen Körper heraus erfolgte als aus den Armen und Händen. Meine Hände sind klein und nicht besonders kräftig, und ich habe einen Horror davor, daß sie in irgendeinem Stadium meines Schwunges am Schaft ins Rutschen kommen oder sich drehen könnten. All das hat dazu geführt, daß ich den Schläger fest greife, vor allem mit der linken Hand, weil sie den Schlag führt und kontrolliert.

Um also ganz sicher zu gehen, setze ich beim Griff beide Hände voll ein. Ich will einfach verhindern, daß eine der beiden sich womöglich selbständig macht. Dabei versteht es sich von selbst, daß einige Teile der Hand mehr Druck ausüben als andere.

In der linken Hand üben Ringfinger und kleiner Finger den stärksten Druck aus, weil sie den Schaft fest gegen die Handwurzel pressen müssen. Bei der rechten Hand hatte ich bisher eher das Gefühl, daß die Hauptlast auf Daumen und Zeigefinger liegt. Neuerdings bin ich aber dazu übergegangen, den beiden mittleren Fingern diese Aufgabe zu übertragen und Daumen und Zeigefinger fast lose am Schlägerschaft liegen zu lassen. Ich bin ziemlich sicher, daß die meisten guten Golfer darin mit mir übereinstimmen und daß es daher auch ganz allgemein zu empfehlen ist.

Vor einem möchte ich aber warnen: Fest heißt nicht verkrampft! Mein Griff ist zwar so fest, daß Sie sich schon ganz schön anstrengen müßten, wenn Sie mir den Schläger aus den Händen winden wollten. Aber ich packe den Schläger nicht wie eine Schlange, die ich erwürgen will. Kommt es so weit, daß die Venen auf Ihrem Handrücken heraustreten und die Unterarmmuskeln sich verkrampfen, dann ist Ihr Griff viel zu fest.

Gerade sprach ich noch davon, daß man den Schläger vom Beginn bis zum Ende des ganzen Schwunges sicher im Griff haben muß. Ich finde das deshalb so wichtig, weil jede Bewegung des Schlägers in den Händen sich auf die Ausrichtung der Schlagfläche im Treffmoment überträgt und damit den Flug des Balles beeinflußt. Ich weiß, daß es ein paar außergewöhnliche Spieler gibt, die in der Lage sind, den Schläger im Schwung neu zu greifen und die Schlagfläche dennoch richtig in den Ball zu führen. Aber so begabt bin ich nicht, und außerdem bemühe ich mich, im ganzen Spiel die Gefahren für Fehler und notwendige Korrekturen so gering wie möglich zu halten.

Halten Sie nun die Vorstellung, daß der Griff während des ganzen Schwunges sicher sein muß, für übertrieben? Zugegeben, der Driver hat mit dem Ball nur während der Dauer einer halben tausendstel Sekunde direkten Kontakt und *hält* diesen Kontakt nur auf einer Wegstrecke von nicht ganz 2 cm. Das heißt, daß der Durchschwung den Flug des Balles sicherlich nicht mehr beeinflussen kann.

Es ist aber auch wahr, daß die Reflexhandlungen des Menschen keineswegs immer nach seinem Willen verlaufen. Würden Sie sich zum Beispiel daran gewöhnen, den Griff nach dem Treffmoment automatisch zu lockern, so könnte es sehr leicht passieren, daß Sie es unbewußt schon vor dem Treffmoment tun, vor allem, wo der ganze Vorgang nur ein paar Millisekunden dauert.

Das aber will ich lieber gar nicht erst riskieren. Amateure scheinen in bezug auf den Griff zwei besondere Probleme zu haben. Am Anfang des Rückschwunges packen sie den Schläger zu fest und am höchsten Punkt lassen sie ihn dann los.

Zu festes Packen kann eine Reaktion darauf sein, daß der Griff beim Ansprechen des Balles zu locker war; resultiert aber häufiger aus einem falschen Einsatz des Körpers und daraus, daß der Spieler seinen Schläger eher hochhebt anstatt ihn nach oben und hinten zu schwingen. Außer einem zu festen Packen beim Ansprechen rührt das Lockern des Griffs am Ende des Rückschwunges also auch noch daher, daß wir auf eine „billige" und bequeme Art versuchen, das ungenügende Aufdrehen unseres Körpers im Rückschwung dadurch auszugleichen.

Sobald wir uns mit dem Schwungablauf selbst beschäftigen, werden wir sehen, wie diese beiden Probleme gemeinsam gelöst werden können.

Zielansprache

Ohne richtig zu zielen, werden Sie nie ins Schwarze treffen

Stellen Sie sich bei einer Meisterschaft einmal direkt hinter die Pros. Sie werden kaum einen schnurgeraden Drive sehen und, genaugenommen, nicht einmal einen ganz geraden Annäherungsschlag. Viele Schläge mögen am Anfang gerade sein; sobald der Ball aber seine Geschwindigkeit verliert, werden Sie bei genauem Hinschauen zumindest ein leichtes Abdrehen nach rechts oder links erkennen.

Das geschieht mit voller Absicht, und zwar aus drei Gründen:

Um in großen Turnieren Erfolg zu haben, muß man seinen Schwung und Schlag so anlegen, daß sie zuverlässig, vorhersehbar und stets wiederholbar sind. In Voraussage und Wiederholung ist der schnurgerade Ball aber der allerschwerste. Gerade beim Driver ist der Abweichungsspielraum so weit gespannt, daß es fast an ein Wunder grenzt, wenn ein Golfer seinen Ball wie mit dem Lineal gezogen schlägt.

Fade oder Draw sind bei den Spitzenspielern wohl primär eine Frage des Instinkts. Im Lauf seiner Entwicklung wird der gute Spieler allmählich dem einen oder anderen Schlag (Fade oder Draw) den Vorzug geben, ganz einfach, weil das entsprechende Schwungkonzept ihm am natürlichsten und zuverlässigsten erscheint und ihm das meiste Vertrauen gibt. Ein eher kurzer und daher auf Schlaglänge bedachter Spieler wird sich im allgemeinen für den Draw entscheiden, weil er dem Ball etwas mehr Länge gibt. Der von Natur aus starke und mehr auf die Präzision seiner Schläge achtende Spieler wird den Fade bevorzugen. Der Ball fliegt höher und landet weicher – für gute Scores höchst wertvolle Eigenschaften.

Der dritte Grund für den Spitzenspieler, seinen Ball bewußt zu steuern, ist die prozentuale Erfolgsaussicht seiner Schläge.

Wenn Sie genau auf die Mitte des Fairways oder das Zentrum des Grüns zielen und Ihren Ball dann nicht gerade schlagen, so können Sie leicht links oder rechts „im Kakao" landen. Zielen Sie dagegen auf eine Hälfte der Bahn oder eine Seite des Grüns, so können Sie Ihren Ball mit einem (zuverlässigen) Draw oder Fade in das Zentrum Ihres Zielgebietes dirigieren. Bleibt der Ball zufällig doch gerade, so wird er mit etwas Glück immer noch im kurzen Gras bzw. auf dem Rand des Grüns landen.

Sind Sie also in der Lage, Ihren Ball zuverlässig und stets wiederholbar mit einem Fade oder Draw zu spielen, so schalten Sie gewissermaßen eine Seite des Platzes aus, und wenn es um Geld oder Titel geht, sollten Sie diese Vorteile schnell erkennen und in die Praxis umsetzen.

Ich erwähne diese Faktoren am Anfang des Kapitels über die Zielansprache, weil der gute Spieler sich selbst und seine Schlagfläche beim Ansprechen des Balles nach ihnen ausrichtet. Er plant die „Reise" seines Balles meistens nicht direkt von Norden nach Süden, sondern mit leichten Umwegen nach Westen oder Osten, und beim Ansprechen des Balles richtet er sich und seinen Schläger entsprechend aus.

Das Schlagen eines Golfballes hat viel Ähnlichkeit mit dem Abfeuern eines Schusses. Um gerade zu schießen, müssen Sie das Gewehr erst einmal richtig halten und dann auch genau zielen. Mit dem Golfschläger ist das ganz genauso. Unglücklicherweise sind aber viele Amateure darauf aus, sich zum Schnellfeuer-Artisten zu entwickeln – raus mit dem Schläger und drauf auf den Ball, ohne den ganzen Quatsch mit Griffkontrolle und exaktem Ausrichten. Nichts dagegen zu sagen, wenn Sie auf dem Golfplatz nur frische Luft und ein paar Freunde suchen; aber richtiges Golf sollten Sie bei dieser Einstellung bitte vergessen.

Obwohl ich auf der Tour zwischen meinen Schlägen besonders schnell gehe und bemüht bin, mir den nächsten Schlag schon zu überlegen, während meine Partner noch am Ball sind, halten mich viele Verehrer für einen eher langsamen Spieler. Sie sehen eben, wieviel Zeit ich mir für die Zielansprache und das Einstellen auf den Schlag nehme. Und bei diesen beiden Aufgaben gehe ich tatsächlich so methodisch und peinlich genau vor, wie es nur irgend möglich ist. Das wird sich auch nicht ändern. Ich halte sie ganz einfach für die wichtigsten Faktoren im ganzen Spiel und wäre rein psychologisch gar nicht in der Lage, diesen Prozeß abzukürzen.

Ob Sie nun ein Tom Watson oder ein Watts Thomson sind - wenn Sie nicht richtig zielen, werden Sie nie ins Schwarze treffen. Beim „Einstellen" auf den Schlag können Sie sich selbst nicht sehen. Wenn Sie daher nicht geduldig und ausdauernd an der Verbesserung Ihrer Zielansprache arbeiten, werden Sie mit Ihrem Gewehr im Zweifel auch nicht präzise zielen. Deshalb gehört der Zielansprache- und Ausrichtungs-Check auch zu jeder Stunde, die ich bei Jack Grout nehme, und wir fangen gewöhnlich auch jedesmal damit an.

Das Ansprechen des Zieles besteht aus fünf speziellen Aufgaben:

1. Man muß sich den Schlag in Gedanken vorstellen.
2. Man muß sich die Referenzlinien im Verhältnis zum Ziel suchen.
3. Man geht auf den Ball zu.
4. Man richtet den Schläger aus.
5. Man richtet den eigenen Körper aus.

Ich habe die Absicht, Ihnen jede einzelne dieser Aufgaben ganz genau zu erläutern.

Sie stellen sich den Schlag vor

Ein ausgeprägtes und diszipliniertes Vorstellungsvermögen ist für gutes Golf unerläßlich. Lassen Sie Ihrer Phantasie nämlich freien Lauf, wenn der Gewinn eines Turniers greifbar nahe erscheint, so kann das tödlich sein. Verwenden Sie Ihre Vorstellungskraft andererseits aber nicht darauf, jeden Schlag konstruktiv zu planen, so werden Sie selten, wenn überhaupt je, auf der Gewinnerliste stehen.

Ich bin von Natur aus kein nach innen gekehrter Mensch, habe aber an dem Vorstellungsvermögen für Anlage und Durchführung meiner Schläge immer ganz bewußt gearbeitet. So ,,sehe'' ich alle die Möglichkeiten, die mir die jeweilige Lage meines Balles für den nächstfolgenden Schlag bietet. Ist die Wahl getroffen, so bemühe ich mich intensiv, den Flug des Balles bis zum Ziel gewissermaßen in Gedanken zu erleben. Erst danach stelle ich mich an den Ball. Und wenn ich dieses Flugbild nicht klar vor Augen habe, dann ist das meistens eine Warnung, die Sache lieber noch einmal zu überdenken. Als nächstes stelle ich mir dann den Schwung vor, mit dem sich der geplante Schlag realisieren läßt. Erst nach diesem dreifachen gedanklichen Prozeß stelle ich mich an den Ball und spreche ihn an.

Sie bestimmen die Linie zum Ziel

Ich bemühe mich, jeden Ball in einen bestimmten Bereich des Fairways oder Grüns zu schlagen – manchmal sogar auf einen ganz bestimmten Punkt. Natürlich gelingt das nicht immer; aber es ist eine wichtige Übung mit positivem Effekt auf mein Vorstellungsvermögen und den physischen Vorgang der Zielansprache selbst. Je flüchtiger ein Golfer sein Ziel anspricht und sich nach ihm ausrichtet, desto unkonzentrierter wird er auch schwingen.

Als generelle Referenzlinie dient mir bei der Zielansprache die direkte Linie vom Ball zu dem von mir gewählten Landebereich oder Landepunkt des Balles. Will ich den Ball dann schnurgerade schlagen, so richte ich die Schlagfläche genau auf diese Linie aus und meinen Körper parallel dazu. Habe ich aber die Absicht, einen Fade oder Draw zu schlagen, so dient mir die direkte Ball/Ziel-Linie als Referenz für das notwendige *Abdrehen* von Körper und Schlagfläche. Es spielt also keine Rolle, welchen Schlag ich beabsichtige – genaues Erkennen und Bestimmen der direkten Ball/Ziel-Linie ist in jedem Fall äußerst wichtig.

Die meisten Amateure suchen diese so wichtige Linie aus einem seitlichen Blickwinkel, *nachdem* sie bereits am Ball stehen und ihn ansprechen. Vielleicht haben sie besonders gute Augen und können die Richtung auch so exakt bestimmen. Ich kann es nicht. Ich bekomme ein klares Bild von der direkten Ball/Ziel-Linie nur, wenn ich *hinter* dem Ball stehe und über ihn zum Ziel schaue.

Aber selbst wenn ich dann neben dem Ball stehe, bin ich nicht hundertprozentig sicher, die Linie genau zu sehen, ohne einen besonderen Bezugspunkt gefunden zu haben. Deshalb suche ich mir, noch hinter dem Ball stehend und über ihn auf das Ziel schauend, einen Markierungspunkt, ein Blatt, einen Zweig oder ein Grasbüschel etwa drei bis vier Meter vor meinem Ball auf der Linie zum Ziel. Spreche ich dann meinen Ball an, so benutze ich diesen Markierungspunkt als letzte Kontrolle für die Ausrichtung von Körper und Schlagfläche. Ich kann mich eigentlich an keinen ernsthaften Schlag mehr erinnern, den ich ohne diese Vorarbeit geschlagen hätte.

Fast alle Tour-Spieler suchen ihre Ball/Ziel-Linie, während sie hinter dem Ball stehen, und die von mir gerade beschriebene letzte Kontrolle hat sich auch immer mehr durchgesetzt. Wenn Ihr Schwung an sich in Ordnung ist, Sie das Ziel aber trotzdem häufig verfehlen, so sollten Sie beides einmal praktizieren.

Sie gehen an den Ball

Beim Anvisieren eines Schlages können die Augen Ihnen leicht einen Streich spielen. Gehen Sie von der Seite an Ihren Ball! Selbst wenn Sie sehr gut sehen, so ist die klare Bestimmung der Ball/Ziel-Linie aus dieser Position doch wesentlich schwieriger, als wenn Sie direkt hinter dem Ball stehen.

Machen Sie die Probe, indem Sie zuerst seitlich vom Ball die Linie suchen und dann noch einmal genau hinter dem Ball. Sie werden sicher feststellen, daß die Linien meistens verschieden sind und sich nur selten decken.

Deswegen geht ein guter Golfer lieber von hinten an seinen Ball als aus einem schrägen Winkel oder von der Seite. Nur so bekommt er gleich einen ganz klaren Eindruck von der Linie zum Ziel. Und je genauer man sich die Linie bei der Annäherung an den Ball einprägt, desto leichter wird man sie auch vor Augen behalten, wenn man den Ball dann von der Seite anspricht.

Ich gehe jedenfalls immer von hinten an den Ball und dann in einem kleinen Kreis um ihn herum zur Seite, wobei ich den Schläger in der rechten Hand halte. Dann

werden rechter und linker Fuß erst einmal provisorisch plaziert, und die linke Hand kommt zum richtigen Griff an den Schläger. Ich schaue dann mehrmals über den Markierungspunkt zum Ziel und zurück, indem ich den Kopf drehe, ohne die Schultern dabei rotieren zu lassen (ein häufiger Fehler bei schwachen Spielern).

Sind dann Stellung der Füße sowie Ausrichtung von Schlagfläche und Körper mit ein oder zwei Waggles beendet, so wird die kurz vor dem Ball befindliche Markierung mein wichtigster Bezugspunkt. Nach dieser letzten Kontrolle kann ich dann am Abzug ziehen – im Vertrauen darauf, daß das Gewehr zumindest genau auf das Ziel gerichtet ist, selbst wenn der Schuß dann schließlich doch danebengeht.

Sie richten den Schläger aus

Soll ein Golfball schnurgerade fliegen, so muß die Schlagfläche im Treffmoment genau square zum Ziel stehen und die Schwungbahn des Schlägerkopfes in diesem Augenblick genau auf der Linie zum Ziel verlaufen. Auch die kleinste Abweichung in Ausrichtung oder Schwungbahn wird eine entsprechende Abweichung der Flugbahn des Balles zur Folge haben.

Deshalb rate ich allen Golfern, beim Ansprechen des Balles die Schlagfläche mit ihrer Unterkante square zum Ziel auszurichten, wenn auch bessere Spieler das manchmal nicht tun, auch wenn sie den Ball gerade schlagen wollen. Solange man nicht ein wirklicher Experte geworden ist, wird man in der Regel ganz instinktiv die Schlagfläche genauso in den Ball hineinschwingen, wie sie beim Ansprechen gestanden hat. Eine von Anfang an square ausgerichtete Schlagfläche gibt dem Durchschnittsspieler also ganz zweifellos eine größere Chance, seine Schlagfläche auch square in den Ball hineinzuschwingen.

Einen zweiten, überzeugenden Grund für ein Square-Ausrichten der Schlagfläche sehe ich in seinem Einfluß auf das Ausrichten des ganzen Körpers. Die meisten Golfer werden nämlich ihren Körper ganz automatisch square zur Lage der Schlagfläche ausrichten. Ist die Schlagfläche beim Ansprechen des Balles also geschlossen, so werden sie den Körper nach links vom Ziel ausrichten und umgekehrt bei aufgedrehter Schlagfläche. Eine square zum Ziel ausgerichtete Schlagfläche wird für die meisten Spieler daher die Chancen verbessern, auch ihren Körper square auszurichten, und wenn sie nur als Referenzlinie zur gedachten Ball/Ziel-Linie dient.

Auf diesen drei Bildern erkennt man meine leicht nach rechts aufgedrehte Schlagfläche, eine früh entwickelte und niemals aufgegebene Vorliebe von mir. Solange Sie aber nicht den Flug Ihres Balles permanent kontrollieren können, sollten Sie die Unterkante der Schlagfläche lieber square oder lotrecht zum Ziel ausrichten

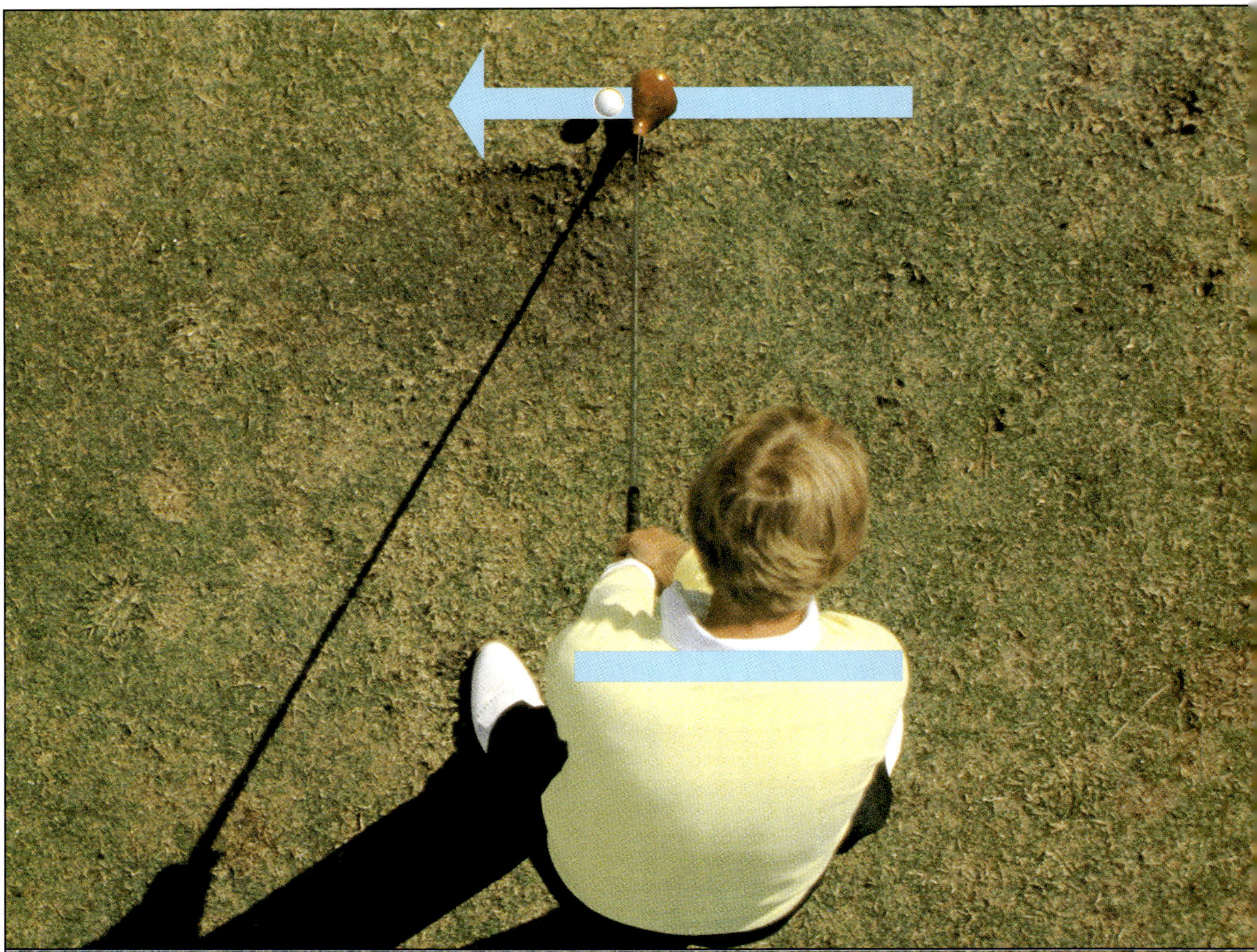

Sie richten Ihren Körper aus

Einer der reizvollsten und fesselndsten Aspekte im Golfschwung ist das Fehlen absoluter Werte. Es gibt bei diesem Spiel kein „schwarz" und „weiß", es gibt eigentlich nur Grautöne. Nehmen Sie irgendeine Regel, die für alle Golfer gültig zu sein scheint, und im nächsten Augenblick fällt Ihnen ein Spieler ein – vielleicht sogar einer der großen Meister –, der diese Regel bricht. Vielleicht gibt es aber doch eine allgemeingültige, absolute Regel. Versuchen Sie mal, ob sie sich bewährt!

Die Stellung oder Ausrichtung des Körpers ist ein besonders gutes Beispiel dafür, daß es unter erfahrenen Spielern keine absoluten Standardmaßstäbe gibt.

Richten Sie sich nach links und offen zum Ziel aus, so bedeutet das theoretisch einen Fade oder Slice. Stehen Sie dagegen nach rechts und geschlossen zum Ziel, so gibt es einen Draw oder Hook. Trotzdem aber werden Sie bei jedem Spieler der Tour oder bei der Amateurmeisterschaft zahlreiche Golfer sehen, die ihren Körper zwar etwas nach links ausrichten und dennoch permanent einen Draw schlagen, und sicher auch einige, die trotz einer leichten Ausrichtung nach rechts fast nur einen Fade spielen. Und wenn Sie genau hinschauen, so werden Sie feststellen, daß bei einigen Spielern die Ausrichtung von unterer und oberer Körperhälfte – besonders der Füße und Schultern – nicht übereinstimmt. Ein krasses Beispiel dafür ist Lee Trevino, der von den Hüften aufwärts relativ square steht und unten weit aufgedreht ist.

Das ist so lange in Ordnung, wie es für den bestimmten Spieler optimal funktioniert. Bei mir geht das nicht, und deshalb gehe ich lieber den einfacheren Weg.

Wir sagten schon, daß die Schwungbahn des Schlägerkopfes im Treffmoment genau auf der Ball/Ziel-Linie verlaufen muß, wenn der Ball schnurgerade zum Ziel fliegen soll. Wenn Sie es nicht ausdrücklich anders gelernt haben, so werden die meisten Golfer ihren Schläger rein instinktiv auf einer Linie durch den Ball schwingen, die parallel zur Ausrichtung ihrer Schultern verläuft. Ist ihnen also nicht von vornherein etwas anderes eingebleut worden, so werden diese Golfer ihre Schultern im Treffmoment in die gleiche Haltung (Ausrichtung) zurückführen, die sie beim Ansprechen des Balles hatten.

Wenn Sie also im Verlauf des Schlages nicht zu viele Turnübungen veranstalten und ihre Schultern beim Ansprechen des Balles square ausgerichtet sind, so sollten Sie in der Lage sein, Ihren Schlägerkopf auf der korrekten Bahn square in den Ball hineinzuschwingen. Im Lauf von 30 Jahren habe ich jedenfalls die Erfahrung gemacht, daß man seine Schultern beim Ansprechen und im Treffmoment sehr viel leichter square halten kann, wenn der ganze übrige Körper genauso ausgerichtet ist. Ich bin ziemlich sicher, daß mir die meisten Golfer darin recht geben werden.

Wenn ich meinen Körper beim Ansprechen square oder parallel zur Linie zum Ziel ausrichte (oberes Bild), so fällt es mir sehr viel leichter, den Schläger von innerhalb dieser Linie square in den Ball zurückzuschwingen (unteres Bild)

Ansprechen des Balles

Die richtige Position des Balles erleichtert das Spiel

Golf ist eines der kompliziertesten Spiele. Man sollte deshalb alles versuchen, es sich so einfach wie möglich zu machen. Die Position des Balles bietet ein gute Gelegenheit dazu. Liegt der Ball richtig, so ist schon viel gewonnen – liegt er falsch, so kann eine endlose Kette von schlechten Schlägen und Schwungmanipulationen die Folge sein.

Die optimale Lage des Balles für jeden nur denkbaren Schlag läßt sich sehr viel leichter bestimmen, wenn man eine klare Vorstellung von der ,,Schlag-Geometrie" im Treffmoment hat; wie also die Schwungbahn ausschauen muß, damit der Schlägerkopf square und voll auf den Ball auftrifft. Das kann man dadurch erreichen, daß man sich den idealen Schwungbogen und die ideale Schwungbahn des Schlägerkopfes bis zum Treffmoment und durch den Ball hindurch aus zwei Ebenen vor Augen führt – aus der Froschperspektive und aus der eines Vogels.

Aus der Sicht eines Wurmes ist der Ball dann perfekt getroffen, wenn das Zentrum des Schlägerkopfes am tiefsten Punkt des Schwungbogens präzise auf die Mitte des Balles trifft. Dann nämlich wirkt die maximale Kraft im optimalen Auftreffwinkel und bei bester Nutzung des Lofts auf die Rückseite des Balles. Könnten Sie jeden Ball so treffen, so würden Sie in den Händen das Gefühl für einen perfekten Schlag haben, der Ball wäre lang, hätte einen exzellenten Backspin, und Sie könnten sich überlegen, ob Sie nicht für die Offene melden sollten.

Sitzt der Ball hoch auf dem Tee wie beim Drive, so ist das Treffen am tiefsten Punkt des Schwungbogens ein durchaus erreichbares Ziel. Das Risiko, vor dem Ball in den Boden zu schlagen, ist gering, und selbst wenn Sie den Ball kurz vor oder nach dem tiefsten Punkt des Schwungbogens treffen, so kann es immer noch ein brauchbarer Schlag werden. Liegt der Ball dagegen auf dem Fairway, so sieht das leider ganz anders aus. Selbst die besten Golfer bringen es dann kaum fertig, den Ball ganz präzise am tiefsten Punkt des Schwungbogens zu treffen. Und wenn Sie nur ein winziges Stück vor dem Ball in den Boden schlagen oder ihn etwas zu spät, also bereits im Hochschwingen treffen, so kann der Schlag nichts werden. Bei einem Ball auf der Bahn müssen wir uns daher auf einen Kompromiß einigen, der darin besteht, daß wir den Ball treffen, kurz bevor der Schlägerkopf den tiefsten Punkt des Schwungbogens erreicht hat.

Jetzt wollen wir uns das Ganze mal aus der Vogelperspektive anschauen, also die Schwungbahn des Schlägerkopfes senkrecht von oben.

Trotz allem, was Sie Gegenteiliges darüber gehört oder gelesen haben mögen, bleibt es eine unumstößliche Tatsache, daß der Golfschläger nur auf einer ganz kurzen Wegstrecke genau auf der Linie zum Ziel geschwungen werden kann. Der Versuch, den Schlägerkopf von innerhalb der Linie zum Ziel auf sie und *auf ihr entlang* zu schwingen, mag für einen Golfer nützlich sein, der häufig von außen und oben zuschlägt. Wer seinen Schläger aber länger als eine Millisekunde auf der Linie zum Ziel schwingen würde, könnte nur einen sehr kurzen und wahrscheinlich auch schiefen Ball schlagen und müßte sich bei diesem unnatürlichen Bewegungsablauf zwangsweise einige Muskeln zerren.

Die korrekte Schwungbahn des Schlägerkopfes für einen geraden Schlag verläuft von *,,innerhalb der Linie zum Ziel, für einen kurzen Augenblick auf ihr entlang und dann wieder nach innen"*, also in einer Ellipse und nicht in einer geraden Linie. Sie können das ganz klar auf den Fotos erkennen, die von mir im Treffmoment von oben aufgenommen wurden. Und Sie können mir wirklich glauben, daß dies für alle Schläger zutrifft, mit einer möglichen Ausnahme, dem Putter.

Daraus folgt, daß der Ball für einen geraden Schlag genau an der Stelle liegen muß, an der das Zentrum der vom Schlägerkopf beschriebenen Ellipse mit der Linie zum Ziel deckungsgleich ist.

Liegt der Ball hinter diesem Punkt, so trifft ihn der Schlägerkopf noch auf dem Weg von innen zur Linie zum Ziel, und der Ball geht nach rechts. Liegt der Ball dagegen vor diesem Punkt, so trifft ihn der Schlägerkopf bereits auf dem Weg zurück nach innen (und wahrscheinlich von *außerhalb* der Linie kommend), und der Ball geht nach links. Die falsche Position des Balles ist also einer der Hauptgründe für viele schlechte Schläge und häßliche Schwungverrenkungen von Spielern mit mittlerem oder hohem Handicap. Wie aber sollte der Ball nun liegen, um die beiden Voraussetzungen für ein optimales Treffen zu erfüllen?

Bei meinem neuen Schwung ist die ideale Position für mich genau gegenüber der Innenkante des linken Absatzes - beim Driver - und etwas weiter zurück bei allen übrigen normalen Schlägen. Je nach Ihrer Spielstärke und dem Ablauf Ihres Schwunges kann dieser Punkt von weit vorn gegenüber dem linken großen Zeh bis weit zurück gegenüber der Mitte Ihrer Fußstellung liegen. Die ideale Position läßt sich nur durch geduldiges und systematisches Experimentieren finden, wobei die Startrichtung des Balles sowie Art und Verlauf seiner Flugbahn für Ihr Urteil entscheidend sein werden.

Wenn Sie Ihr Golf ernst nehmen, so werden diese Experimente sich lohnen, weil die richtige Position des Balles das Spiel wesentlich erleichtert.

Spielen Sie den Ball beim Eisen mehr aus der Mitte (oberes Bild), um eher von oben und hart in ihn hineinschlagen zu können. Beim Driver (unteres Bild) sollte der Ball dagegen gegenüber der Innenseite des linken Absatzes liegen, damit Sie glatt durch den Ball hindurchschlagen und ihn vielleicht sogar erst am Beginn des Wiederhochschwingens treffen können

Um mit den Eisen richtig von oben in den Ball hineinzuschlagen (linkes Bild), liegt mein Ball etwa 2,5 cm innerhalb des linken Absatzes. Beim Ansprechen für einen Drive (rechtes Bild) liegt der Ball gegenüber der Innenseite meines linken Absatzes

Der sichere Weg, von oben in den Ball hineinzuschlagen

Mit allen Schlägern, außer dem Driver, werden Ihre Schläge am besten gelingen, wenn Sie etwas von oben nach unten durch den Ball hindurchschlagen. Dazu müssen die Hände den Schlägerkopf gewissermaßen durch den Ball hindurchführen.

Erlauben Sie dem Schlägerkopf nämlich, Ihre Hände vor dem Treffmoment auch nur um eine winzige Strecke zu überholen, so riskieren Sie entweder einen „fetten" (Boden vor dem Ball getroffen) oder einen „dünnen" (Treffen zu hoch am Ball) Schlag. Und sollte der Schlägerkopf gar weit vor den Händen durch den Ball hindurchgehen, so wird Ihr Spiel bald nur noch aus „Hakkern" und Tops bestehen.

Glücklicherweise hat Jack Grout mir schon sehr frühzeitig eine fast narrensichere Methode gezeigt, stets leicht von oben zu schlagen, die so leicht zu beherrschen und zu behalten ist, daß ich seither kaum mehr daran denken muß.

Jack erklärte mir das wie folgt: Solange der Ball gegenüber der Innenseite des linken Absatzes liegt, wird die linke Schulter im Treffmoment immer vor diesem Punkt sein - also immer näher zum Ziel als der Ball. Wenn dann linker Arm und Schlägerschaft von der linken Schulter bis zum Ball im Treffmoment eine gerade Linie bilden, *müssen* die Hände beim Treffen des Balles etwas vor ihm sein. Anders ist es gar nicht möglich! Und da Golf letztlich weitgehend auf Reaktionen basiert, hat ein Spieler nach Jacks Meinung dann die beste Chance, diese Relation von geradem linken Arm/Schlägerschaft und führenden Händen im Treffmoment zu behalten, wenn er sie bereits beim Ansprechen des Balles festgelegt hat.

Ich habe seither alle normalen Schläge auf diese Weise angesprochen (linker Arm und Schlägerschaft in einer geraden Linie), und ich kann sie nur wärmstens empfehlen, weil sie ganz automatisch sicherstellt, daß Sie etwas von oben nach unten durch den Ball hindurchschlagen.

Die Methode bietet außerdem noch drei weitere Vorteile: Erstens begünstigt sie ein weiches Einsetzen des Rückschwunges in einer in sich geschlossenen Bewegung und unter Kontrolle der linken Seite. Als zweites ergibt sich beim Ansprechen die Schulterbeugung, die so wichtig ist, wenn man den Schläger von innerhalb der Linie zum Ziel in den Ball hineinschwingen will. Und als letztes sorgt sie dafür, daß der rechte Arm *unter* dem bzw. *innerhalb* des linken bleibt, wie es ja sein muß, wenn Sie von innerhalb der Linie zum Ziel in den Ball hineinschwingen wollen.

Treffmoment mit dem Driver am tiefsten Punkt des Schwungbogens

Je mehr Sie mit dem Driver von oben nach unten in den Ball hineinschlagen, desto stärker kommt der Loft des Schlägers zur Wirkung und desto mehr Backspin erhält der Ball. Stärkerer Backspin aber bedeutet eine höhere Flugbahn und ein kürzeres Ausrollen des Balles. Wenn Sie also kein Fuzzy Zoeller oder Tom Weiskopf sind, so sollten Sie beim Drive bemüht sein, den Ball entweder am untersten Punkt des Schwungbogens oder gerade zu Beginn des Wieder-Hochschwingens zu treffen.

Es empfiehlt sich, die Hände erst beim Ansprechen des Balles in ihre endgültige Position zu bringen. Damit erleichtert man sich die Ausrichtung von Armen und Schläger. Anders ausgedrückt: Da linker Arm und Schlägerschaft bei mir immer eine gerade Linie bilden, kann ich die Position der Hände durch ganz kleine Verschiebungen am Schaft korrigieren.

Stelle ich mich zu einem Drive an den Ball, so „schiebe" ich ihn etwas weiter nach vorn, von etwa 2,5 cm innerhalb meines linken Absatzes bis zu einer Lage genau gegenüber der Innenseite des linken Absatzes. Die Hände verschieben sich dabei aber nur um die halbe Strecke nach vorn. Wie man aus dem Vergleich der beiden Fotos vom Ansprechen zu einem langen Eisen und einem Drive erkennen kann, kommen meine Hände durch diese einfache Prozedur auf etwa gleiche Höhe mit dem Ball.

Eine ähnliche kleine Verschiebung der Hände könnte auch Ihrem Drive etwas mehr Pfiff geben.

Wie weit ab stehen Sie vom Ball?

Stehen Sie beim Ansprechen zu nahe am Ball, so wird sich Ihr Schwungbogen eher zum Holzhacken als zum Golf eignen. Stehen Sie zu weit ab, so werden Sie permanent und hoffnungslos um Ihre Balance kämpfen.

Beides findet man häufig bei Amateuren, vor allem das übermäßige Strecken nach dem Ball. Das ist bedauerlich, aber eigentlich ganz überflüssig; denn wenn man es einmal 'raus hat, ist das Einhalten des richtigen Abstandes vom Ball eine kinderleichte Sache. Ich habe das schon als Kind auf eine Weise gelernt, die sich im Notfall auch heute noch bewährt.

Zuerst stehen Sie aufrecht, wenn auch „entspannt“ (besonders in den Schultern) und halten den Schläger waagerecht von sich weg, ohne die Arme dabei übermäßig zu strecken. Dabei sollten die Handgelenke ganz natürlich leicht abgeknickt sein. Biegen Sie die Knie dann ein bißchen ab, so daß die Beine keinerlei Spannung haben und strecken Sie Ihr Hinterteil dabei leicht heraus. Der Kopf bleibt oben, das Kinn in klarem Abstand von der Brust. Ohne den Rücken zu krümmen oder die Hände herunterzunehmen, beugen Sie sich nun aus den Hüften nach vorn, aber ohne sie fallen zu lassen, bis die Sohle des Schlägerkopfes leicht auf dem Boden aufsetzt.

Stehen Sie aufrecht aber „entspannt“ (erstes rechtes Foto) und halten Sie den Schläger waagerecht von sich weg. Dann beugen Sie sich aus den Hüften nach vorn, bis der Schlägerkopf auf dem Boden aufsetzt. Auf diese Weise bekommen Sie den jeweils richtigen Abstand zum Ball, vom Driver (mittleres Foto) bis hinunter zum Sand-Wedge (Foto ganz rechts)

So haben Sie den richtigen Abstand vom Ball, gleichgültig, welchen Schläger Sie gerade in der Hand halten. Es leuchtet ein, daß Sie mit dieser Methode beim Driver am weitesten vom Ball und beim Sand-Wedge am nächsten stehen werden – mit allen dazwischen liegenden Variationen. Und genau so sollte es auch sein.

Achten Sie darauf, daß die Arme fast gerade herunterhängen, zum Schultergelenk hin aber nahe am Oberkörper gehalten werden. ,,Baumeln" die Hände frei vor Ihrem Körper und/oder haben sie keinerlei Kontakt mit dem Oberkörper, so stehen Sie zu weit ab vom Ball.

Überzeugen Sie sich auch davon, daß Ihr linker Arm und der Schlägerschaft sich nur leicht unter eine von Ihrer linken Schulter bis zum Ball gerade verlaufenden (gedachten) Linie absenken. Sinken sie nämlich zu tief, so stehen Sie zu nahe am Ball. Sinken sie gar nicht, oder müssen Sie die Handgelenke womöglich sogar nach oben abwinkeln, so sind Sie zu weit vom Ball weg und strekken sich nach ihm.

Auch die Gewichtsverteilung ist wichtig. Das Gewicht sollte bei allen normalen Schlägen aus ebener Lage gleichmäßig zwischen Ballen und Fersen beider Füße verteilt sein. Stehen Sie mehr auf den Fersen, so sind Sie zu nahe am Ball, balancieren Sie dagegen auf Ihren Zehen, so sind Sie zu weit vom Ball weg. Bestimmen Sie Ihren Abstand vom Ball so wie hier beschrieben, und Sie schlagen drei Fliegen mit einer Klappe, weil Sie dann gleichzeitig noch die richtige Körperhaltung und die im Verhältnis zu Ihrer Körpergröße optimale Schwungbahn des Schlägerkopfes finden.

Die Stellung der Füße

Die Rolle der Füße - oder genauer gesagt der Füße und Fußgelenke - wird bei allen Golflehrprogrammen meistens sträflich vernachlässigt. Obwohl ihr Verhalten in jedem Stadium des Schwunges genauso wichtig ist wie das jedes anderen Körperteils, scheint man sie häufig gar nicht zu beachten. Dabei sind platt am Boden verankerte Füße und steife Beine sicher zwei Hauptgründe für den schlechten Schwung von so manchem Amateur.

Die Bedeutung der Füße wird vielleicht deshalb so häufig übersehen, weil sie bei richtigem Einsatz nur eine Wirkung ausüben und keine Ursache darstellen - mehr als Reaktion denn als Antwort auf einen bewußt gegebenen Befehl. Aus dieser Überlegung heraus nehmen die Golfer dann an, daß Füße und Fußgelenke schon richtig funktionieren werden, wenn nur den anderen, doch offenbar so viel wichtigeren Schwungelemente genügend Aufmerksamkeit geschenkt wird.

Leider trifft das aber häufig nicht zu. Ich möchte behaupten, daß mindestens die Hälfte der Amateure, die mir je begegnet sind, die meisten übrigen Schwungelemente wesentlich verbessern könnten, wenn sie zuerst den richtigen Einsatz von Füßen und Fußgelenken erlernen würden. Bei der Behandlung des eigentlichen Schwunges werden wir noch mehr darüber hören.

So wie viele andere Schwungkomponenten, sollten auch Füße und Fußgelenke schon beim Ansprechen des Balles richtig eingesetzt werden. Stellen Sie nämlich Ihre Füße schon beim Ansprechen des Balles zu nahe zusammen oder zu weit auseinander, so haben Sie hinterher alle Mühe, sie im Schwung voll zur Wirkung kommen zu lassen. Genauso werden eine schlechte Gewichtsverteilung und ein falsches Abwinkeln der Füße besonders bei langen Schlägen eine falsche Fußarbeit zur Folge haben.

Wie breit sollten Sie stehen?

Ich habe gelernt, Golf von der „Innenseite meiner Füße" zu spielen, indem ich Tausende von Bällen schlug und dabei im Rückschwung den größten Teil meines Körpergewichts auf die Innenseiten beider Füße verlagerte und es dort bis nach dem Treffmoment beließ, indem ich lediglich die Fußgelenke abwinkelte. Das war ziemlich anstrengend; aber die daraus resultierende „zentrierte" Gewichtsverteilung, das Gleichgewichtsgefühl und die Kräftigung der Beine und Fußgelenke haben den Einsatz gelohnt.

Aber so weit wollen Sie vielleicht gar nicht gehen. Ihr Schlag wird jedoch bestimmt effektvoller, wenn Sie gerade so breit stehen, daß Sie sich beim Rückschwung voll aufdrehen können, ohne dabei auf die Außenseite des rechten Fußes abzurollen. Sie sind dann auch im Druchschwung nicht gezwungen, noch vor dem Treffmoment auf die Außenkante des linken Fußes abzurollen.

Für die Mehrzahl der Golfer, so auch mich, trifft dies bei den längsten Schlägern dann zu, wenn der Abstand der Füße voneinander, von Zentrum der Hacken gemessen, etwa der Breite der Schultern entspricht.

Sollte das aber auch nach intensivem Training bei Ihnen nicht zutreffen, so versuchen Sie es mal mit einem etwas weiteren oder engeren Stand. Aber bitte nicht übertreiben; ein zu weiter Stand blockiert das Aufdrehen im Rückschwung, vor allem, wenn sie die Füße zu starr am Boden halten. Je enger die Füße aber zusammenstehen, desto schwieriger wird es, bei einem voll aufgedrehten Rückschwung und im Durchschwung auf ihrer Innenseite stehen zu bleiben.

Bei den kürzeren Schlägern, die weniger Rückschwung, Körperdrehung und Armstreckung erfordern, verengen die meisten guten Spieler ihren Stand dann fortlaufend, bis die Hacken beim Wedge nur noch etwa 15 cm auseinander sind. Ich ziehe dabei den rechten Fuß langsam immer näher an den linken heran, der fest stehenbleibt und mir so als permanente Referenz zur Position meines Balles dient.

Sie sollten das auch mal versuchen!

Halten Sie Ihr Gewicht beim Ansprechen des Balles, beim Rückschwung und im Abschwung mindestens bis zum Treffmoment auf der Innenseite Ihrer Füße, so wie Sie es auf den Fotos sehen können

1
2
3

Gewichtsverteilung

Als wir vorhin über den richtigen Abstand vom Ball sprachen, vertrat ich die Meinung, daß das Gewicht bei allen normalen vollen Schlägen aus einer ebenen Lage gleichmäßig zwischen den Ballen und Fersen beider Füße und ebenso gleichmäßig zwischen beiden Beinen verteilt sein sollte. Diese Gewichtsverteilung hat sich bei mir seit über 30 Jahren bewährt, und ich habe daher nicht die Absicht, sie zu ändern.

Mit der Weiterentwicklung des Golfschwunges ändern sich aber auch die Ansichten über die verschiedenen technischen Aspekte. So raten einige sehr gute Lehrer seit geraumer Zeit vor allem weniger begabten Schülern, das Körpergewicht beim Ansprechen des Balles vermehrt auf das rechte Bein zu verlegen.

Dem liegt der Gedanke zugrunde, daß Wochenend-Golfer und ältere Spät-Starter Schwierigkeiten haben, erst beim Rückschwung das Gewicht in ausreichendem Maß nach rechts zu verlagern und ein ,,reverse pivoting" (sich zum Ziel hin neigen, anstatt sich von ihm wegzudrehen) zu vermeiden.

Der Gedanke wird weitergeführt, indem man sagt, daß der Golfer sich auf diese Weise für die Gewichtsverlagerung im Rückschwung nach rechts sozusagen einen fliegenden Start verschafft. Und das soll dann - so schließt das Argument - dazu führen, daß das Gewicht im Abschwung wieder besser und leichter nach links zum Ziel hin verlagert werden kann.

Meine Meinung dazu ist: ,,Wenn die Methode funktioniert, so wenden Sie sie an und bleiben Sie dabei!" Ich hätte nur gewisse Zweifel in bezug auf Ihre Balance, die schließlich und endlich einer der wichtigsten Faktoren im ganzen Golfschwung ist.

Es mag seltsam klingen, aber ich kann mich im Schwung nur dann völlig ausbalanciert fühlen, wenn dieses vollständige Gleichgewicht schon beim Ansprechen des Balles vorhanden ist. Natürlich möchte ich nicht das Gefühl haben, im Boden fest verankert zu sein - Spannkraft und Elastizität sind im Gegenteil für mich absolut lebensnotwendig. Andererseits möchte ich schon fest und sicher über dem Ball stehen, so daß auch ein kräftiger Stoß von vorn, hinten oder der Seite mich nicht gleich umwerfen würde.

Und dieses Gefühl völliger Balance und eines sicheren, festen Standes habe ich nur, wenn mein Körpergewicht beim Ansprechen des Balles gleichmäßig zwischen Ballen und Fersen beider Füße und zwischen beiden Beinen verteilt ist.

Können Sie dieses Gefühl auf eine andere Art und Weise bekommen, so mag das ganz in Ordnung sein. Bevor Sie sich aber endgültig festlegen, sollten Sie das Experiment mit dem ,,Stoß" ausprobieren.

Ich möchte beim Ansprechen des Balles einen voll ausbalancierten Stand haben (oben), bei dem das Gewicht gleichmäßig zwischen Ballen und Fersen beider Füße und zwischen beiden Beinen verteilt ist. Mein linker Fuß ist bei den meisten Schlägen im Verhältnis zur Linie zum Ziel etwa um 15 Grad aufgedreht

Die Winkel der Fußstellung

Auf der Tour haben wir Spieler, die einen Ball im Knien schlagen können, wenn sie auf einem Stuhl sitzen oder auf einem Bein stehen und ihn dabei immer noch so gut treffen, daß sie wahrscheinlich unter 80 bleiben. Heben Sie einen dieser Spieler aber nur ein paar Millimeter in die Luft, würde er den Ball nicht mehr treffen.

Das Schwingen eines Golfschlägers erfordert *Zugkraft.* Neben der Standbreite und der Gewichtsverteilung hängt die Zugkraft eines Golfers auch von dem Winkel seiner Fußstellung ab. Ich kenne ein paar Tour-Spieler, die ein bißchen einwärts oder auswärts gehen – so am Ball aber steht keiner von ihnen. Der Grund liegt einmal darin, daß nach innen oder außen gedrehte Füße falsche Bein- und Körperbewegungen erzwingen und einen freien Schwungablauf dadurch in Frage stellen. Ein wirklich ausbalancierter Schwung aber ist bei einer solchen Fußstellung fast ein Ding der Unmöglichkeit.

In der langen Geschichte des Golfs haben gute Spieler der Erhaltung des Gleichgewichts immer eine hohe Priorität gegeben und sie auf ganz natürliche Weise sichergestellt, indem sie beim Ansprechen des Balles beide Füße leicht nach außen drehten. Das kann man eigentlich nur jedem raten, besonders dem Anfänger.

Ist der Schwung aber erst einmal sicher, so könnte der Spieler den Wunsch verspüren, zwei Variationen auszuprobieren, die durch den stärkeren Einsatz von Beinen und Körper zu Lasten der Arme und Hände in der letzten Zeit bei Spitzenspielern zu beobachten sind.

Wenn Sie die Tour-Spieler mal als ganze Gruppe nehmen, so werden Sie sehen, daß die meisten – mich eingeschlossen – beim Ansprechen des Balles den rechten Fuß im allgemeinen square, das heißt in einen Winkel von 90 Grad zur Linie zum Ziel, stellen. Dadurch wird das Aufdrehen im Rückschwung abgebremst und die Gefahr des Überschwingens verringert – beides erstrebenswert, wenn in den Turnieren Präzision der Schläge wichtiger ist als reine Länge. Ich gehe von dieser Fußstellung nur ab, wenn ich aus irgendeinem Grund einen besonders langen Drive schlagen muß. Um in dem Fall den Körper dann etwas mehr aufdrehen zu können, drehe ich den rechten Fuß etwas mehr nach außen.

Die Ausrichtung des linken Fußes ist unter Spitzenspielern sehr viel unterschiedlicher als die des rechten. Sie geht von ganz leichtem Ausstellen nach links bis zu einem Winkel von 45 Grad in Richtung auf das Ziel. Bis zu einem gewissen Grad werden Sie dieses Auswärtsstellen des vorderen Fußes bei allen guten Spielern beobachten. Sie wollen sich damit den Einsatz der unteren Körperhälfte im Durchschwung erleichtern und gleichzeitig ihre Balance sicherstellen.

Ich versuche bei den meisten Schlägen einen goldenen Mittelweg zu gehen, indem ich den linken Fuß etwa um 15 Grad nach außen zum Ziel hin drehe. Wenn ich gut im Schlag bin, werde ich diesen Winkel für einen besonders langen Drive etwas vergrößern, um die Beine schneller in den Schlag und die Hüften leichter aus dem Weg zu bringen. Dabei besteht allerdings die Gefahr, Beine und Hüften so schnell einzusetzen, daß die Schultern hastig herumgerissen werden, was je nach Ausrichtung der Schlagfläche zwangsläufig zu einem hohen Slice oder scharfen Pull führt.

Durch sorgfältiges Experimentieren werden auch Sie den optimalen Winkel herausfinden. Dabei wird sich folgendes ergeben: Je „squarer“ Ihr linker Fuß steht, desto schneller (im Verhältnis zum Zurückdrehen der unteren Körperhälfte) werden Ihre Hände und Arme den Schlägerkopf in den Ball schwingen. Das führt normalerweise zu einer von rechts nach links verlaufenden Flugbahn. Je mehr der linke Fuß aber zum Ziel hin aufgedreht ist, desto eher wird Ihre untere Körperhälfte die Arme, Hände und den Schlägerkopf im Treffmoment „führen“. Das ergibt dann im Zweifel eine Flugbahn von links nach rechts.

Viele Jahre lang hielt ich meinen Kopf weit hinter dem Ball (rechtes Bild); aber seit Anfang 1980 verlagere ich ihn mehr in die Mitte (linkes Bild), um meiner Schwungbahn mehr „Tiefe" und den Armen die Chance zu geben, mehr hinter mich als über meinen Kopf zu schwingen

Die Kopfhaltung

In allen früheren Publikationen habe ich empfohlen, den Kopf bei normalen, vollen Schlägen weit hinter dem Ball zu halten, so wie ich es selbst 30 Jahre lang praktiziert habe.

Dafür gab es zwei Gründe. Erstens, wie ich schon früher erklärte, kann der Kopf aus dieser Position beim Durchschwung nicht so schnell nach vorn fliegen und dadurch den ganzen Schlag gefährden. Und zweitens erlaubte mir diese Kopfhaltung, das volle Körpergewicht bis nach dem Treffmoment hinter dem Ball zu halten, wodurch der ganze Schlag an Kraft gewann.

Ich halte diese Theorie auch heute noch nicht für schlecht, besonders für Golfer, die dazu neigen, Kopf und Oberkörper zusammen mit dem Schlägerkopf in den Schlag zu werfen. Aber obwohl mein Kopf auch heute noch beim Ansprechen (und natürlich auch im Treffmoment) hinter dem Ball ist, so ist es, verglichen mit früher, doch sehr viel weniger.

Diese Haltungsänderung des Kopfes geschah im Zusammenhang mit dem Neuaufbau meines Schwunges, über den ich in der Einführung zu diesem Buch gesprochen habe. Wir werden später noch einmal genauer darauf zu sprechen kommen. Es ging etwa so vor sich: Wie ich Ihnen eingangs schilderte, hatte ich wegen der zu steilen Schwungbahn lange Zeit große Schwierigkeiten, den Schlägerkopf mit voller Wirkung auf die Rückseite des Balles auftreffen zu lassen. Aus der zu steil nach oben verlaufenden Schwungbahn konnte der Schlägerkopf auch nur in einem zu steilen Winkel in den Ball hinein- und durch ihn hindurchschwingen, wodurch er zwangsweise schräg anstatt gerade auf der Rückseite getroffen wurde.

Das Abflachen oder - um ein besseres Wort für den Heilungsprozeß zu benutzen - die „Vertiefung" meines Schwungbogens bedingte unter anderem ein stärkeres Aufdrehen und ein entsprechend geringeres Absinken der Schultern im Rückschwung.

Und da die ersten 40-50 cm der Schwungbahn über ihren ganzen weiteren Verlauf entscheiden, mußte ich einen Weg finden, mich von dem Moment an, in dem der Schlägerkopf den Ball im Rückschwung verließ, mehr aufzudrehen und weniger zu beugen.

Jack Grout hatte mir jahrelang eingehämmert, daß, je weiter der Kopf beim Ansprechen hinter dem Ball gehalten wird, die Arme desto mehr gezwungen sind, vom Beginn des Schwunges an nach oben anstatt nach oben und hinten zu schwingen.

Und je steiler schon die Anfangsphase des Armschwunges verläuft, desto mehr werden die Schultern sich im weiteren Verlauf des Rückschwunges nach vorn beugen, anstatt sich aufzudrehen. Bei den Unterrichtsstunden Anfang 1980 war Grout dann nicht davon abzubringen, daß mein Kopf viel zu weit hinter dem Ball sei.

Gott sei Dank, habe ich ihm dann endlich zugehört und mich dazu durchgerungen, die mehr zentrale Kopfhaltung zu versuchen, wenn es mir auch zuerst ungewohnt und eher unangenehm vorkam. Bald aber war das Aufdrehen der Schultern sehr viel leichter und selbstverständlicher als das frühere Abbeugen.

Etwa eine Woche später merkte ich dann - anhand weiterer Veränderungen, auf die wir noch zu sprechen kommen -, daß auch meine Hände und Arme sich der tieferen Schulterdrehung anpaßten und somit mehr nach innen und weniger nach oben schwangen. Wenn ich alle diese Veränderungen noch einmal überdenke, so ist mir klar, daß sie ohne die geänderte Kopfhaltung keinesfalls so erfolgreich gewesen wären.

Können auch Sie daraus etwas lernen? Sollten Sie das Gefühl haben, zu steil nach oben zu schwingen, so halten Sie Ihren Kopf beim Ansprechen des Balles doch mal etwas mehr in der Mitte. Ist Ihr Schlag dagegen eher zu flach, so sollten Sie den Kopf wahrscheinlich etwas mehr hinter dem Ball halten.

Und seien Sie nie zu stolz, wenn ein verläßlicher Lehrer bei Ihnen einen Fehler aufdeckt!

Teil 2

DER SCHWUNG

Bevor Sie am Abzug ziehen

Seien Sie entspannt, aber dennoch alert

Wenn Sie das nächste Mal auf dem Übungsplatz stehen, könnten Sie das folgende Experiment versuchen: Stellen Sie sich auf einen vollen Schlag ein. Wenn Sie dann am Ball stehen, so spannen Sie bitte Ihren ganzen Körper so stark wie möglich an. Vor allem in Händen, Armen und Beinen sollten die Muskeln richtig verkrampft sein. Und nun versuchen Sie mal einen Golfschwung, ohne sich vorher zu entspannen. Wenn Sie überhaupt einen Schwung zustande bringen, so wird er hölzern, abgehackt, begrenzt, plump und leblos sein. Und der Ball wird - wenn Sie ihn überhaupt treffen - nicht sehr weit gehen.

Dann das andere Extrem: Lassen Sie beim Ansprechen des Balles alles lahm und kraftlos - richtig „lose hängen". Nun schwingen Sie, ohne irgendwo in Ihrem Körper die Spannung wiederherzustellen. Die Bewegung wird frei und fließend sein, leicht und locker, und der Ball wird wahrscheinlich weiterfliegen als sonst.

Mit dieser kleinen Übung soll die destruktive Wirkung einer übermäßigen Muskelanspannung zu Beginn des Golfschwunges demonstriert werden.

Wie gut auch immer Ihr mechanischer Schwungablauf sein mag, Golf wird für Sie immer eine „Strafe" bleiben, wenn Sie Ihren Schwung schon mit zusammengebissenen Zähnen und völlig verkrampften Muskeln beginnen. Beachten Sie bitte, daß ich ausdrücklich „beginnen" sagte und nicht beenden. Es versteht sich von selbst, daß man ohne erheblichen Muskeleinsatz und Streckung verschiedener Gliedmaßen nicht wirkungsvoll auf einen Golfball schlagen kann. Der Trick ist folgender: Beim Einsetzen des Schwunges müssen die Muskeln so „friedlich" wie möglich sein und den kommenden Einsatz nur vorausfühlen. Im Verlauf des Schwunges werden sie dann lebendig und in der Schwungbewegung ganz natürlich und fließend zur Wirkung kommen.

Leider ist das alles viel leichter zu beschreiben als auszuführen. Anspannung kommt meistens von Angst. Je weniger Zutrauen Sie also zu Ihrem eigenen Schwungablauf, Ihrem Urteilsvermögen und Ihrer Fähigkeit haben, schwierige Situationen zu beherrschen und aus ihnen wieder herauszukommen, desto „verspannter" werden Sie Ihren Schlag beginnen.

Ich weiß, das ist eine bittere Medizin. Die einzig sichere Methode, das Selbstvertrauen auf all diesen Gebieten zu erhalten und zu verstärken, besteht doch wohl darin, das eigene Spiel durch intensives Lernen, eine gute Lehre und ständiges Üben zu verbessern. Und wenn Ihnen das schlimmer vorkommt als eine Gefängnisstrafe, so versuchen Sie wenigstens, die rein physischen Hilfen zu nutzen, die alle guten Spieler sich auf die eine oder andere Art zu eigen machen, nämlich entspannt und dennoch alert zu bleiben.

So werden Sie kaum einen guten Spieler finden, der zwischen der Annäherung an den Ball und dem Beginn des Schwunges in irgendeinem Augenblick völlig bewegungslos verharren würde. Warum wohl? Je länger Muskeln „eingefroren" bleiben, desto mehr verkrampfen sie sich. Erfahrene Golfer und Könner in allen anderen Sportarten haben daraus gelernt, bei der Vorbereitung auf den Haupteinsatz immer in Bewegung zu bleiben.

Dieser „Frostschutz" erscheint bei den Tour-Spielern in vielfältiger Form; ein ganz allgemeiner Ausdruck davon aber ist der Waggle. Zu starkes Wagglen kann der Zielansprache und dem eigenen Ausrichten auf das Ziel schaden; aber zwei oder drei lockere und leichte Waggles sind ein hervorragendes Mittel gegen Verspannungen, besonders in den Händen und Armen. Richtig ausgeführt, ist der Waggle eine exzellente Einstimmung auf den Schwung. Wir werden darüber noch mehr hören.

Links: Um eine Verkrampfung meines Oberkörpers zu verhindern, drehe ich mehrmals meinen Kopf und schaue über den Ball zum Ziel. Oben: Ich habe einsehen müssen, daß es wichtig ist, den Schläger nicht zu fest anzufassen

Leichtes Hin- und Herschieben der Füße – eine Art Auf-der-Stelle-Treten – ist bei der Vorbereitung auf den Schlag ein weiteres Mittel zum Abbau von Spannungen. Lockerungsbewegungen in Schultern und Armen sowie ein leichtes ,,Melken" des Schlägerschaftes mit den Händen dienen dem gleichen Zweck.

Wo wir gerade von den Händen reden: Ich habe in den letzten Jahren immer wieder erfahren müssen, wie wichtig es ist, den Schläger unmittelbar vor dem Einsetzen des Schwunges und in seiner ersten Phase nur leicht zu greifen. Ein zu starker Druck führt zu Spannungen in den Unterarmen und den Schultern und setzt sich in einer Kettenreaktion durch den ganzen Körper fort. Behandeln Sie Ihren Schläger also nicht grob. Wenn Sie den Schlägerkopf beim Waggle nicht als ein echtes ,,Gewicht" empfinden, dann ist Ihr Griff höchstwahrscheinlich zu fest.

Aber wie diese Bewegungen auch immer sein mögen, Sie werden feststellen, daß die meisten guten Spieler sie bis zum Einsetzen des eigentlichen Schwunges fortsetzen. Unter dem nervlichen Druck eines Turniers können solche Bewegungen noch ausgeprägter und ausgedehnter werden, und zwar als Reaktion auf die durch nervliche Belastung hervorgerufene Muskelverspannung.

Wenn ich erst einmal über dem Ball stehe, fummele ich im allgemeinen nicht mehr viel herum, ein paar Entspannungshilfen wende ich aber doch schon ganz unbewußt an.

Dazu gehört beim Ansprechen des Balles ein leichtes seitliches Hin- und Herrücken von Beinen und Hüften und ein fast unmerkliches Lockern und ,,Entlasten" der Schultern. Auch Drehungen des Kopfes und ein mehrfaches Hin- und Herschauen zwischen Ball, Zwischenspiel und eigentlichem Ziel verhindern Verspannungen des Oberkörpers.

Wie Sie Verspannungen bekämpfen, ist nicht so wichtig, solange es Ihre Zielansprache und Ausrichtung auf das Ziel nicht durcheinanderbringt. Entscheidend ist, die Muskeln ,,entspannt und sprungbereit" zu halten bis zu dem Augenblick, in dem Sie am Abzug ziehen.

Aufsetzen des Schlägerkopfes oder nicht aufsetzen?

Die meisten guten Golfer haben zu Beginn des Schwunges ihren Schläger aufgesetzt, das heißt, seine Sohle liegt hinter dem Ball auf dem Gras. Nicht bei mir! Ich halte den Schläger etwas über dem Boden, und zwar aus verschiedenen Gründen. Als erstes und allerwichtigstes hilft mir diese Schlägerhaltung, übermäßige Spannungen zu vermeiden, besonders in den für den Schwung so entscheidenden Händen und Unterarmen. Liegt der Schläger erst einmal auf dem Boden auf, so kann man leicht versucht sein, ihn auch an den Boden zu pressen. Abgesehen von der Regelwidrigkeit einer solchen Handlung – verbessern Sie dadurch die Lage des Balles oder nicht? – löst ein Anpressen des Schlägerkopfes an den Boden auch einen Widerstand der Muskeln aus, der zwangsweise zuerst die Hände und Unterarme und schließlich den ganzen Körper verspannt.

Zweitens: Je fester Sie den Schläger auf den Boden aufsetzen, desto schwieriger wird es, ihn weich vom Ball wegzuschwingen und desto größer ist das Risiko, hinter dem Ball mit dem Schlägerkopf an einem Grasbüschel oder ähnlichem Hindernis hängenzubleiben. Da das Einsetzen des Rückschwunges für mich eine der Handlungen ist, die über Erfolg oder Mißerfolg des ganzen Prozesses entscheidet (die andere ist der Richtungswechsel von Hoch- zu Abschwung), versuche ich, alles zu vermeiden, was diesen Bewegungsablauf gefährden könnte.

Drittens: Wenn Sie den Schläger im Rough oder in der Nähe loser Gegenstände aufsetzen, kann sich Ihr Ball womöglich bewegen, und Sie riskieren eine entsprechende Strafe.

Viertens, und als letztes, fällt es mir einfach leichter, den Schläger in einem fließenden, alle Teile meines Körpers betreffenden Bewegungsablauf vom Ball wegzuschwingen, wenn er *nicht* auf dem Boden aufgesetzt war. Liegt der Schlägerkopf am Boden auf, so besteht bei mir die Gefahr, daß die Hände im Rückschwung dem Körper vorausgehen, wahrscheinlich aus dem Gefühl heraus, sie müßten den Schlägerkopf vom Boden „loslösen“.

Hatten Sie den Schlägerkopf bisher auf dem Boden aufgesetzt, so wird Ihnen ein Wechsel wahrscheinlich schwerfallen. Sind Ihre Hände und Unterarme aber zu Beginn des Rückschwunges eher schwer, dann wird es sich lohnen, meine Methode einmal auszuprobieren.

Fangen Sie damit aber bitte auf dem Übungsplatz und zuerst mit den kurzen Eisen an und nicht gleich in einem Wettspiel mit dem Driver.

Stellen Sie die Mitte der Schlagfläche genau hinter den Ball

Durch das leichte Anheben des Schlägerkopfes (links) vermeide ich Verspannungen in Händen und Unterarmen. Einige Spieler sprechen den Ball gegenüber dem Schlägerhals oder der Spitze des Schlägerkopfes an. Ich finde es dagegen am besten, die Mitte der Schlagfläche genau hinter den Ball zu stellen (unten), weil ich dann eher die Rückseite des Balles auch wirklich mit der Mitte der Schlagfläche treffen kann

Golf ist ein Spiel von Ursache und Wirkung, von Aktion und Reaktion. Wenn Sie nicht korrigierende oder kompensierende Bewegungen vorprogammiert haben, die das Spiel natürlich erschweren, so werden Sie ganz instinktiv am Punkt Z des Schwunges genau das vor Augen haben, was Sie am Punkt A getan haben.

Der Golfschwung dient doch nur zwei Zielen - einmal dem Aufbau von Geschwindigkeit im Schlägerkopf, was wir gleich behandeln werden, und zweitens dem präzisen Auftreffen des Zentrums der Schlagfläche square auf die Rückseite des Balles. Und ich sehe die beste Chance, das zweite Ziel zu erreichen, darin, Ball und Schlagfläche zu Beginn des Schwunges so wie von mir beschrieben auszurichten.

Sie werden auf der Tour Ausnahmen von dieser Regel begegnen. Manche Spieler sprechen den Ball gegenüber dem Schlägerhals und einige wenige gegenüber der Spitze des Schlägerkopfes an. Es gibt auch welche, die beim Ansprechen zwischen Schlagfläche und Ball eine Menge Luft lassen. Das sind aber alles Idiosynkrasien, die sich entwickelt und festgesetzt haben, um ganz persönliche Schwungabnormitäten auszugleichen. Ich würde Ihnen raten, von diesen Spielern zwar soviel wie möglich zu lernen, ihre Absonderlichkeiten aber doch zu übersehen.

Folgen Sie Ihrer Eingebung, und setzen Sie die Schlagfläche so auf, daß sie möglichst leicht an diesen Platz zurückkehren kann - das heißt, mit ihrer Mitte genau hinter den Ball.

Beginn des Rückschwunges

Eine Ermahnung und eine Warnung

Wir sind nun schon ein Drittel des Buches durchgegangen und haben den Schläger noch nicht einen Zentimeter vom Boden weggeschwungen. Diese Tatsache ist für sich allein schon eine Lektion - und sogar eine der wichtigsten, die ich einem auf Fortschritt bedachten Golfer anbieten kann. Wer mit Golf anfängt, möchte am liebsten gleich die Schläger in die Hand nehmen, auf den Platz gehen und losschlagen - ein Wunsch, den ich voll und ganz verstehen kann. Das Dumme dabei ist nur, daß die meisten, so gerne sie auch gut spielen möchten, diesen Wunsch nicht so lange zurückstellen können, bis sie erst einmal gelernt haben, wie man überhaupt gut spielen kann.

Golf besteht ja eigentlich aus zwei Spielen. Da ist einmal das Schlagen des Balles, die vielen verschiedenen Schläge - die physische Seite. Und da sind zum anderen Strategie, Taktik, Erkennen und Verstehen der Charakteristika des Platzes, Selbstbeherrschung - die psychische, emotionelle Seite. Leider gibt es auf keinem der beiden Gebiete einen ,,geborenen Golfer''! Manche mögen für das eine oder andere Gebiet mehr angeborene Talente haben; wie gut ein Golfer aber letzten Endes wird, hängt davon ab, wie gut er oder sie die beiden Begriffe und ihre Umsetzung in die Praxis erlernen.

Bevor wir jetzt über den eigentlichen Schwung sprechen, sollte dieser kleine Exkurs Sie noch einmal daran erinnern, daß Ihre Erfolge bei dem Bemühen, einen Golfschläger zu schwingen, *fast ausschließlich* davon abhängen, wie gut Sie sich darauf *vorbereitet* haben. Alle Spitzenspieler haben schon frühzeitig erkannt, daß die Qualität ihres Schwunges zu 80% von den Vorbereitungen und zu 20% von der Ausführung abhängt. Drehen Sie diese Relationen um, und Sie bleiben Ihr Leben lang ein Hacker.

Nach seinen Gedanken im Schwung gefragt, antwortete Sam Snead einmal: ,,Nichts''! Sam kommt für mich einem naturgegebenen Golfgenie am nächsten; aber ich bin trotzdem sicher, daß auch er ohne intensive Konzentration *vor* jedem Schlag wahrscheinlich nie in seinem Leben unter 80 gespielt hätte.

Im Schwung selbst nichts mehr denken zu müssen, ist für den Golfer ein Idealzustand und zeigt, daß seine Bewegungsabläufe als Reflexhandlungen auf die perfekte Vorbereitung gelten können. Und noch etwas: Ihre Reflexhandlungen werden Sie wahrscheinlich niemals in die Lage versetzen, so gut zu schwingen wie Sam; aber es gibt nichts, was Sie davon abhalten müßte, sich genauso gut *vorzubereiten* wie er; denn Vorbereitungen bedingen keine komplizierten Bewegungsabläufe und per se auch keine Reflexhandlungen.

Wäre das zu mühsam? Überlegen Sie mal, was eine 80%ige Verbesserung einer Hälfte des Spiels für Ihren Score bedeuten könnte, selbst wenn Sie die restlichen 20% Verbesserung im physischen Bereich bzw. auch nur ein einziges Prozent im psychischen Bereich nicht schaffen würden?

Ende der Ermahnung! Und nun zur Warnung!

Durch Studium, Übungsstunden und Spiele im Lauf vieler Jahre weiß ich ziemlich genau, was jeder einzelne Teil meines Körpers im Verlauf eines Schwunges tut, und ich will nun versuchen, Ihnen diese Aktionen und Reaktionen so klar wie möglich zu beschreiben. Versuchen Sie aber bitte nicht, in der Schritt-für-Schritt- und Absatz-für-Absatz-Art zu schwingen, in der ich gezwungenermaßen meinen Schwung für Sie analysieren muß.

Wie gut Sie den Schläger schwingen, hängt fast ausschließlich davon ab, wie gut Sie sich darauf vorbereitet haben (oben). Vorbereitungen bedingen keine komplizierten Bewegungsabläufe und per se auch keine Reflexhandlungen. Ein effektvoller Golfschwung ist vor allem ein fließender Bewegungsablauf (rechts). Je weniger Sie versuchen, Ihren Schwung im Spiel selbst zu analysieren, desto besser werden die Bewegungen ablaufen, und desto besser wird das Resultat

Ein effektvoller Golfschwung ist vor allem ein fließender Bewegungsablauf, und je weniger Sie ihn während des Spiels selbst analysieren oder dirigieren, desto besser werden die Bewegungen ablaufen. Arbeiten Sie deshalb immer nur an einem Schwung-Element oder gleichzeitig höchstens an zwei, in jedem Fall auf dem Übungsplatz und nicht, wenn Sie einen guten Score nach Hause bringen wollen. Mit anderen Worten – vermeiden Sie eine Paralyse durch Analyse und akzeptieren Sie das alte Tour-Sprichwort: „Wenn du es nicht mitgebracht hast – auf dem Platz wirst du es nicht finden!"

Und eine letzte Warnung: Wenn Sie mich kopieren wollen, so bitte nur im Prinzip und nicht im ausgeführten Detail. Es hat niemals zwei Menschen mit identisch gleichem Schwung gegeben, und es wird sie wohl auch niemals geben.

Es ist wichtig, den Schwung korrekt zu starten

Vor ein paar Jahren wurde der zeitliche Ablauf des Schwunges bei mir und einigen anderen Spielern gemessen. Vom Einsetzen des Rückschwunges bis zum Treffmoment benötige ich 1,96 Sekunden. Die meisten anderen waren schneller - so etwa 1,5 Sekunden. Die Wissenschaftler behaupten, daß die menschlichen Reaktionen von den Muskeln zum Gehirn und zurück zu den Muskeln einfach nicht schnell genug seien, um einen Golfer in die Lage zu versetzen, in dieser kurzen Zeitspanne seinen ganzen Schwungablauf bewußt zu dirigieren. Sie sagen, daß auch bei einem sehr langsam schwingenden Golfer spätestens nach 2/3 des Rückschwunges der verbleibende Rest eine rein reflektorische Handlung ist.

Meiner Erfahrung nach haben sie wahrscheinlich recht. In Topform kann ich manchmal einen Schlag durch eine leichte Korrektur im Rückschwung retten; nach dem Wechsel in den Abschwung aber ist das so gut wie unmöglich. Aber selbst eine solche Korrektur scheint mir im Grunde eher ein reflexiver oder instinktiver und weniger ein bewußter Vorgang zu sein, und in einem Turnier würde ich mich auf so etwas ganz bestimmt nicht verlassen. Habe ich den Schlag schlecht angefangen, so wird der Ball in der Regel auch schlecht enden.

Die wichtigste Lektion besteht für mich darin, daß man beim Schwung eines Golfschlägers den Bewegungsablauf unter voller, bewußter Kontrolle halten und bewußt steuern kann - *nur im ersten Stadium des Wegschwingens vom Ball!* Damit aber wird dieses erste Stadium des Schwunges für mich zu einer ganz ungeheuer wichtigen Bewegung.

Den Schwung korrekt zu starten, bedeutet für mich das korrekte Zusammenwirken vier verschiedener, aber eng miteinander verbundener Elemente. Es sind (1) das Hineinfließen der Vorbereitungsbewegungen in die Schwungbewegungen, (2) die Schwungbahn des Schlägerkopfes und die Ausrichtung der Schlagfläche, (3) der Verlauf des Körpereinsatzes und (4) das Tempo der einleitenden Schwungbewegungen.

Wie Sie alle Bewegungen in Gang setzen

Weiter vorn sprachen wir davon, wie wichtig es sei, zur Vermeidung von Verspannungen bei der Vorbereitung auf den Schwung immer leicht in Bewegung zu bleiben. Die weiche Überleitung aus den von Ihnen bevorzugten „Frostschutz-Bewegungen" in die Bewegungen zur Auslösung des Schwunges ist der erste Schlüssel zu einem guten Start. Ein völlig bewegungsloses Verharren am Ende der Vorbereitungsphase oder vor dem Einsetzen des Schwunges wäre ein verhängnisvoller Fehler.

Die beliebteste Bewegung zur Einleitung des Schwunges ist unter guten Spielern der sogenannte „forward press". Es ist ein leichtes Abneigen von Händen und Armen oder Händen, Armen und Körper zum Ziel hin, und wenn diese Bewegung ihren vordersten Punkt erreicht

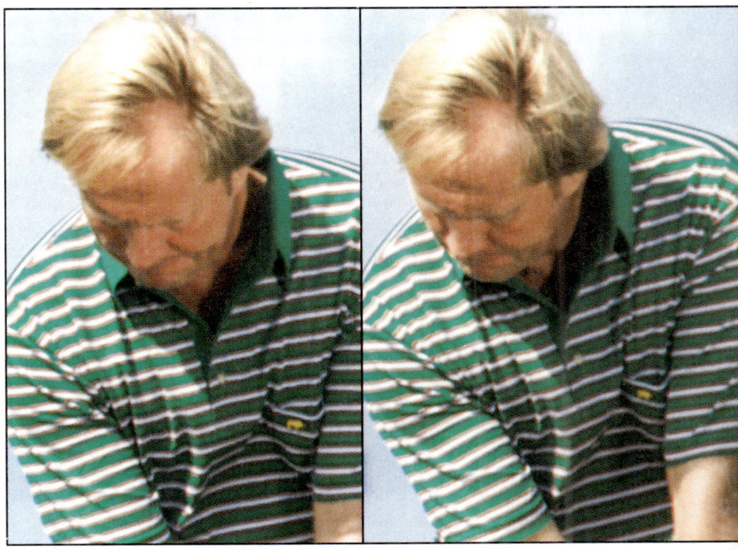

Das Nach-rechts-Drehen meines Kinnes hat zwei wichtige Gründe - es erleichtert mir den Einsatz des Rückschwunges und es schafft Platz für ein volles Aufdrehen des Körpers. Ich empfehle es Ihnen, solange es nicht zu einem Schwanken des Körpers ausartet

Das korrekte Einsetzen des Rückschwunges, die erste Bewegung des Schlägers vom Ball weg, ist besonders wichtig. Nur selten kann ich einen Schwung auf halber Höhe noch retten, wenn der Einsatz schlecht war

hat, dann hat sich der Schlägerkopf sogar etwas vom Ball weggedreht. Mir hat das seinerzeit nicht gefallen, weil sich die Schlagfläche dabei leicht öffnet und weil Hände und Schlägerkopf dadurch etwas zu weit vor Armen und Körper in den Rückschwung kommen.

Anstelle des konventionellen ,,forward press" praktizierte ich jahrelang, was ich einen ,,stationary press" nennen möchte und was nichts anderes war als ein etwas festeres Greifen des Schlägers kurz vor dem Einsetzen des Rückschwunges. Gleichzeitig drehte ich mein Kinn so weit vom Ziel weg nach rechts, bis ich den Ball nur noch mit dem linken Auge sehen konnte.

Anfang der 70er Jahre aber gab ich den stationary press auf. Es hatte lange gedauert, bis ich feststellte, daß sich, ausgelöst durch den verstärkten Druck der Hände, die Schultern zu Beginn des Rückschwunges leicht schlossen. Ich ging also zu einem mehr konventionellen forward press über und habe ihn seither beibehalten. Ich neige dabei den Körper ganz leicht in eine Richtung etwas links vom Ziel, um zu verhindern, daß meine Schultern zu Beginn des Rückschwunges geschlossen sind.

Das Wegdrehen des Kinns habe ich mir schon früh angewöhnt, weil es mir den Einsatz des Rückschwunges erleichtert und weil es Platz schafft für ein volles Aufdrehen des Körpers. Ich habe es beibehalten und kann es aus den beiden angeführten Gründen jedem empfehlen.

Sam Snead hat es aus dem gleichen Grund wie ich auch getan, und Sie werden es, mehr oder weniger stark ausgeprägt, bei vielen guten Spielern beobachten. Die einzige Gefahr liegt darin, daß es in ein Schwanken des Kopfes ausarten kann. Achten Sie also darauf, diese gute Sache nicht zu übertreiben.

Schwungbahn des Schlägerkopfes und Ausrichten der Schlagfläche

Auf der Tour gibt es einige exzellente Spieler, die ihren Schläger in einer Bahn hoch- und in einer anderen wieder herunterschwingen. Dabei wird der Schläger zu Beginn des Rückschwunges nach außen (außerhalb der Linie zum Ziel) geschwungen und im weiteren Verlauf nach hinten gezogen, so daß er im Treffmoment wieder richtig von innen an den Ball kommt.

Man nennt das ,,looping", und wenn es bei Ihnen so gut funktioniert wie zum Beispiel bei Isao Aoki oder Hubert Green, dann werde ich kein Wort darüber verlieren. Es gibt schließlich auch im Golf viele Wege zum Ziel.

Meiner Ansicht nach erschwert aber ein Wechsel der Schwungbahn auf halbem Weg das Spiel, bei dem es doch so sehr auf Repetition ankommt und bei dem eine zusätzliche Bewegung den ganzen an sich schon komplizierten Vorgang nur noch weiter erschweren kann.

Ich war immer bemüht, mir das Golf so einfach wie möglich zu machen, und dazu gehört eben auch, daß ich versuche, den Schläger so zurückzuschwingen, wie er im Abschwung wieder an den Ball kommen soll. So brauche ich den Schwungablauf bewußt nur in dem Stadium zu dirigieren, in dem ich ihn noch unter voller Kontrolle habe und kann nach einem guten Start den Rest als einen Reaktions-Vorgang ablaufen lassen.

Wir stellten eingangs fest, daß man einen Ball nur dann schnurgerade schlagen kann, wenn der Schlägerkopf im Treffmoment auf der Linie zum Ziel schwingt. Will man den Schwung nun korrekt starten, so muß man wissen, daß dieser Schwungbahnverlauf im Treffmoment nur dann zu erreichen ist, wenn der Schlägerkopf von *innerhalb* der Linie zum Ziel bis zu der Millisekunde schwingt, in der er den Ball trifft. Geht die Schwungbahn aber vor dem Treffmoment auch nur eine ganze Kleinigkeit nach außerhalb der Linie zum Ziel, so *muß* sie im Treffmoment wieder zurück - und quer über die Linie zum Ziel verlaufen -, das heißt im allgemeinen Sprachgebrauch von außen nach innen.

Das ist reine und einfache Physik, und Sie sollten sich das gut merken. Wie schnell und wie weit ein Schläger im Rückschwung nach innen geschwungen wird, hängt in erster Linie davon ab, wie weit der Spieler vom Ball entfernt steht. Das wiederum wird bestimmt durch den Körperbau, die Körperhaltung beim Ansprechen des Balles und die Schaftlänge des gerade benutzten Schlägers.

Um mir den Schwung soweit wie möglich zu vereinfachen, versuche ich, den Schläger möglichst in der gleichen Bahn hochzuschwingen, in der er auch wieder auf den Ball auftreffen soll. Will ich also von innen in den Ball hineinschwingen – und das will ich –, dann muß ich den Schläger auch nach innen zurückschwingen. Und wenn ich so vorgehe, wie die beiden Fotoserien aus verschiedenen Blickwinkeln zeigen, dann wird der Schläger auch wie beabsichtigt von innen in den Ball hineinschwingen

Je größer der Spieler und je kürzer der Schläger ist, desto näher wird er *natürlicherweise* am Ball stehen, desto allmählicher wird der Schläger *natürlicherweise* nach innen schwingen und desto weniger nach innen wird er *natürlicherweise* am Ende des Rückschwunges geschwungen sein. Das Gegenteil trifft zu für einen kleinen Spieler mit langen Schlägern.

Beachten Sie bitte meine Betonung von „natürlicherweise". Es ist das Schlüsselwort für einen rundherum harmonischen Schwungablauf, besonders für die erste Phase des Rückschwunges. Und versuchen Sie ja nie, den Schläger nach innen zu „nehmen" oder zu zwingen, indem Sie in der Anfangsphase des Rückschwunges herummanipulieren. Wir kommen darauf noch zurück!

Eine Schwingtür bietet eigentlich den besten Vergleich für die Schwungbahn des Schlägerkopfes in ihrem Anfangsstadium wie auch für die Ausrichtung der Schlagfläche in der gleichen Schwungphase. Sobald Sie nämlich eine solche Tür öffnen, beginnt sie sofort, auf einem vorgegebenen Bogen nach innen (vom Türpfosten aus gesehen) zu schwingen.

Das ist das genaue Abbild der idealen Schwungbahn in ihrer Anfangsphase, wenn man einen schnurgeraden Ball schlagen will!

Jetzt wollen wir uns mal anschauen, wie sich die Schlagfläche zu Beginn des Rückschwunges im Idealfall verhalten sollte. Für Leute mit hohem Handicap ist das nämlich etwas verwirrend. Schwingen Sie die Tür noch einmal auf und achten Sie diesmal auf Weg und Stellung ihrer Außenkante. Je weiter sie aufschwingt, desto mehr *öffnet* sich die Außenkante im Verhältnis zur Linie des Türpfostens. Sie werden aber auch erkennen, daß die Bahn der Außenkante permanent in einem Winkel von 90 Grad zu der Bahn steht, in der die Tür selbst schwingt. Oder - wie ein erfahrener Golfer es sehen und beschreiben würde - die Schwungbahn der Außenkante *bleibt permanent square zum Schwungbogen des Türflügels ausgerichtet.*

Genau das aber soll auch meine Schlagfläche tun, nicht nur zu Beginn, sondern während des ganzen Rückschwunges.

Diese Überlegung und ihre Umsetzung in die Praxis wird sicherlich auch Ihr Spiel verbessern.

Der Zusammenklang aller Bewegungsabläufe

Im Golf gibt es Ausnahmen von jeder Regel, und manche Ausnahme hat auf der Tour schon zu einem beachtlichen Erfolg geführt. Beginnt aber ein Teil des Körpers den Rückschwung früher als die anderen, dann wird es für die meisten Golfer, mich eingeschlossen, recht schwer, in der Anfangsphase des Rückschwunges den Schlägerkopf in der idealen Schwungbahn und mit optimal ausgerichteter Schlagfläche zu schwingen, also so - wenn ich Sie daran nochmal erinnern darf -, wie es bei der Schwingtür der Fall war.

Ein „Frühstart" von Händen und Handgelenken kann die Schwungbahn des Schlägerkopfes und die Ausrichtung der Schlagfläche ganz besonders stören. Der Schlägerkopf weicht dann entweder nach außen oder innen von der idealen Schwungbahn ab und schwingt wahrscheinlich auch zu schnell nach oben. Ebenso wird sich dann die Schlägerfläche sowohl im Verhältnis zur tatsächlichen als auch zur idealen Schwungbahn öffnen oder schließen. Und da der Schwung bei den meisten Spielern als unbewußte Kettenreaktion abläuft, wird die Wirkung dieser Anfangsfehler progressiv stärker, erfordert somit Schwungkorrekturen auf halbem Weg und gefährdet den ganzen Schwung.

In der Absicht, einen vollen, geraden Schlag zu spielen, versuche ich deshalb immer, alle Teile meines Körpers gleichzeitig in Bewegung zu setzen.

Wie die Fotos beweisen, bewegt sich tatsächlich der Schlägerkopf zuerst, einen winzigen Augenblick bevor die Hände und Arme den eigentlichen Schwung einleiten. Trotzdem habe ich bei einem guten Schwung immer das Gefühl, daß Schläger, Hände, Arme, Schultern und der ganze Oberkörper als eine „Einheit" wirken, die im Uhrzeigersinn um die feste Achse meines Rückgrates herumschwingt wie die Schwingtür um ihre Pfosten.

Zugegebenermaßen war es nicht immer so.

Bis 1980 hatte ich zu Beginn des Rückschwunges eher das Gefühl, den Schläger geradewegs vom Ball wegzustoßen, wobei sich die linke Schulter senkte und die rechte sich entsprechend hob, während die Arme sich so weit wie möglich vom Körper wegstreckten. Das geschah aus dem Wunsch nach einem aufrechten, und möglichst weiten Schwungbogen und wurde dadurch begünstigt, daß mein Oberkörper beim Ansprechen des Balles weit vorgebeugt und mein Kopf weit hinter dem Ball waren.

In der Einführung zu diesem Buch habe ich beschrieben, wie ich zur ,,Vertiefung" meines Schwunges seit 1980 beim Ansprechen des Balles aufrechter stehe und den Kopf mehr in der Mitte halte. Dadurch können die Schultern flacher zurückschwingen. Gleichzeitig mußte ich meine Ansicht über das Strecken der Arme revidieren, damit sie der flacheren Schulterdrehung folgen und tiefer enden konnten - das heißt weniger über als hinter meinem Körper. Diese Wechsel veränderten natürlich den ganzen Ablauf der ersten Phase des Rückschwunges.

Den nunmehr neuen Eindruck meines geänderten Schwungbeginns möchte ich wie folgt beschreiben:

Auf Grund meines stark nach rechts gedrehten Kinns konnte ich bisher den Schlägerkopf zumindest auf dem ersten Meter des Hochschwunges aus dem Winkel des rechten Auges verfolgen. Beim alten Schwung sollte diese erste Phase der Schwungbahn des Schlägerkopfes etwa einen halben Meter lang eine direkte Verlängerung der Linie zum Ziel nach hinten darstellen, bis die langsam zunehmende Körperdrehung den Schlägerkopf dann nach innen führte. Nachdem ich damals wie heute versuchte, die Schlagfläche square zur Schwungbahn des Schlägerkopfes auszurichten - wieder die Analogie zur Schwingtür -, wollte ich auch, daß die Schlagfläche sich auf diesem ersten Meter nur ganz wenig, wenn überhaupt, im Verhältnis zur Linie zum Ziel öffnet.

Heute sehe ich das ganz anders!

Wenn ich den Schläger in einer alle Teile des Oberkörpers umfassenden und im Uhrzeigersinn verlaufenden Drehbewegung zurückschwinge, so soll der Schlägerkopf von Anfang an sofort nach innen schwingen und diesen Weg fortsetzen, bis er aus meinem Blick verschwindet. Gleichzeitig soll sich die Schlagfläche im Verhältnis zur Linie zum Ziel schnell öffnen und sich im Verlauf des Rückschwunges noch weiter öffnen - indem sie dadurch anzeigt, daß sie auch bei meinem nunmehr nach innen gedrehten Schwungbogen immer square zu ihm ausgerichtet bleibt.

Um das zu erreichen, muß der linke Arm möglichst dicht an meiner Brust bleiben und der rechte Ellbogen sich unmittelbar nach Schwungbeginn abbeugen und mindestens so lange eng an meiner rechten Körperseite bleiben, bis die Hände in Hüfthöhe sind.

Das ist, wie gesagt, fast das genaue Gegenteil meines früheren Schwungkonzeptes, aber der einzige Weg, den Rückschwung ,,tiefer" zu vollenden. Wenn ich diese ,,geometrischen Faktoren" zu Beginn des Rückschwunges in die richtige Ordnung bringen kann, so werden sie auch bis zum Ende des Rückschwunges und in reflektiver Weise bis zum Treffmoment in dieser richtigen Ordnung bleiben.

Das gilt sicherlich auch für Sie. Und auch Sie werden diese ,,Geometrie" leicht in die richtige Ordnung bringen - und gleichzeitig einen korrekten Schwungbogen und ein volles Aufdrehen des Körpers erreichen -, wenn Ihr ganzer Oberkörper und der Schläger als eine Einheit vom Ball weg und um die feststehende Achse Ihres Rückgrates herumschwingen.

(Siehe Fotos auf der folgenden Seite.)

Bei einem gelungenen Einsatz des Rückschwunges habe ich das Gefühl, daß Schläger, Hände, Arme und Schultern als eine Einheit im Uhrzeigersinn um die feste Achse meines Rückgrates herumschwingen. Der Schlägerkopf schwingt dabei ganz natürlich nach innen, die Schlagfläche öffnet sich und bleibt während des ganzen Rück- und Abschwunges in dieser Stellung.

Der Schwungbeginn mit dem ganzen Oberkörper garantiert einen sauberen Schwungbogen und eine volle Körperdrehung – zwei Voraussetzungen für einen guten Schlag. Treten die Hände und Handgelenke dagegen zu schnell in Aktion, so werden die Schwungbahn des Schlägerkopfes und die Ausrichtung der Schlagfläche mit Sicherheit gestört

Vier Gründe für ein langsames Einsetzen des Schwunges

Ich glaube, daß die Schlaggeschwindigkeit eines Golfers weitgehend von seiner Persönlichkeit bestimmt wird. Je schneller Sie alles übrige im Leben tun, desto schneller werden Sie auch Ihren Schläger schwingen - und umgekehrt.

Wenn dem so ist, kann ich mich glücklich schätzen, ein im Grunde eher besonnener Mensch zu sein, weil für mich das langsame Einsetzen des Rückschwunges für einen guten Schlag unabdingbar ist.

Ich habe es schon oft gesagt und sage es immer wieder: Man kann einen Golfschläger gar nicht *zu langsam* vom Ball wegschwingen, vorausgesetzt, daß man ihn *schwingt* und nicht vom Ball *weghebt!*

Dafür gibt es vier Gründe:

Zuerst und am wichtigsten: Je langsamer der Schwung als eine harmonisch fließende Bewegung einsetzt, desto besser kann der Spieler die Anfangsphase des Schwunges und die Ausrichtung der Schlagfläche kontrollieren. Wir haben ja schon gesehen, daß man überhaupt nur diese Anfangsphase bewußt kontrollieren kann. Wenn Sie nicht ungewöhnlich schnell reagieren, so werden Fehler in dieser Anfangsphase unweigerlich und wahrscheinlich sogar verstärkt im Treffpunkt zur Wirkung kommen. Mir sagt einfach der gesunde Menschenverstand, daß ich über Flugart und -richtung des Balles um so weniger Kontrolle haben werde, je schneller ich den Schläger von ihm wegschwinge.

Der zweite Grund betrifft die Koordination: Je geschlossener die verschiedenen Teile des Körpers zusammenwirken, desto größer ist die Chance für einen korrekten und - achten Sie auf die Unterstreichung - *vollen* Rückschwung. Je schneller aber der Rückschwung einsetzt, desto schwerer ist die Koordination aller Körperbewegungen, einschließlich des vollen Aufdrehens des Körpers.

Ist die Anfangsbewegung zu schnell oder abgehackt, so werden die schnell reagierenden kleinen Muskeln der Hände und Arme die Kontrolle über den Schwung übernehmen und dabei die langsamer arbeitenden, schwereren Muskeln der Schultern, Hüften und Beine überholen. Die Koordination aller Körperteile geht dann im weiteren Verlauf des Schwunges immer mehr zu Bruch, was den Schlag auf alle nur denkbaren Arten ruinieren kann und ihm außerdem jede Länge nimmt. Ein Gefühl von „Auseinanderarbeiten" der einzelnen Körperteile oder von unvollständigem Aufdrehen oder von Hochheben des Schlägers und Herunterhacken oder von einem reinen Hände-Arme-Schwung ist für mich immer das sichere Anzeichen für einen zu hastigen Schwungeinsatz.

Tempo und Timing - von schwachen Spielern die vielleicht am meisten vernachlässigten Elemente des Spiels - sind der dritte Grund, den Schwung so langsam und so harmonisch wie möglich einsetzen zu lassen.

Tempo und Timing des ganzen Schwunges resultieren aber *immer* aus der Geschwindigkeit des Schwungeinsatzes. Je schneller der ganze Schlag abläuft, desto schwerer ist es, voll zurückzuschwingen, bevor der Abschwung schon wieder einsetzt. Das gilt ganz besonders für kritische Situationen im Spiel. Es ist eine geschichtliche Tatsache, daß sehr schnelle Schwinger stets unsichere Spieler waren - manchmal sehr gut, aber oft miserabel, sobald sie ihr Timing verloren hatten. Schnelle Schwinger hatten im allgemeinen auch eher einen kurzen Schwung, und kurze Schwinger waren meist auch nur kurze Zeit erfolgreich.

Die vierte und letzte Begründung für einen langsamen Start ist der nervliche Druck. Unter nervlichem Druck werden alle unsere Handlungen schneller als unbewußte Reaktion auf den uns innewohnenden Drang, gegen eine Gefahr zu kämpfen oder vor ihr zu fliehen.

Je langsamer und weicher nun Ihr Schwung ohne nervlichen Druck ist, desto mehr Spielraum haben Sie, um die in angespannten Situationen zu erwartende höhere Schwunggeschwindigkeit kompensieren zu können.

Wie ich schon sagte, wurde mein Schwung vom Einsetzen des Rückschwunges bis zum Treffmoment mit 1,9 sec gestoppt. Etwa eine volle Sekunde geht dabei in den Rückschwung und viel Zeit auch in den Richtungswechsel, wenn der Rückschwung in den Abschwung übergeht und der Schlägerkopf allmählich bis zu seiner Höchstgeschwindigkeit beschleunigt wird. Wenn ich so langsam wie nur möglich starte, den Schläger dabei aber richtig schwinge, so kann ich die Anfangsphase der Schwungbahn des Schlägerkopfes und die Ausrichtung der Schlagfläche überwachen. Ich kann dann auch den Einsatz aller Teile meines Körpers besser koordinieren und den Rückschwung voll und korrekt beenden. Ein langsamer Start garantiert mir für den ganzen Schwung ein korrektes Tempo und Timing und gibt mir außerdem genügend Spielraum, um die in angespannten Situationen zu erwartende höhere Schwunggeschwindigkeit kompensieren zu können

Zum Ende des Rückschwunges

Erkennen der Einzelteile, die das Ganze ausmachen

An meinen besten Tagen geht es mir wie Sam Snead, das heißt, daß ich mir nach einem korrekten, weichen, langsamen Einsetzen des Schwunges über den Rest des ganzen Bewegungsablaufes keine großen Gedanken mehr mache. Der Schläger vollendet seine Schwungbahn nach hinten und oben und schwingt auch wie von selbst wieder herunter und durch den Ball hindurch, so daß ich mich ganz und gar auf den jeweiligen Schlag als solchen konzentrieren kann.

Das ist ein großartiges Gefühl; aber solche Tage sind leider selten, und sie halten bei mir - und bei anderen wahrscheinlich auch - nicht sehr lange an. Es hat den Anschein, als ob wir alle irgendwann einmal diesen Zustand ,,es ist ein leichtes Spiel" zerstören, indem wir bewußt oder unbewußt zuviel oder zuwenig davon tun, was diesen wundervollen Zustand hervorgerufen hatte. Deshalb gewinnt wahrscheinlich auch kein Spieler jemals mehr als sechs oder höchstens sieben Turniere von den insgesamt 40, die jedes Jahr auf der amerikanischen Tour ausgespielt werden. Und das wird sich wohl auch nicht ändern.

Da man keine Maschine ist, kann man einfach nicht über einen längeren Zeitraum in Topform bleiben. Das Spiel ist sozusagen ein fortgesetzter Balanceakt, der dauernde Schwungkorrekturen und Feinabstimmungen verlangt.

Das erste Wissen um das Zusammenwirken aller Schwungelemente stammt schon aus meinen Anfangsjahren im Golf. Seither habe ich es kontinuierlich erweitert und verfeinert, um die Schwungkorrekturen und Feinabstimmungen selbst erkennen und durchführen zu können. So werden zu Anfang jedes Jahres alle Grundbegriffe erneut durchgenommen, immer unter der Anleitung meines lebenslangen Lehrers, Jack Grout.

Als erstes denke ich, fern vom Platz, über Ursachen und Wirkungen im Golf nach. Dann kommt die Arbeit auf dem Übungsplatz, und zwar stets an dem betreffenden Schwungelement, das es meiner Meinung nach am nötigsten hat. Ich habe auch auf dem Übungsplatz nie Bälle ziellos in die Gegend geschlagen und werde es auch niemals tun. Habe ich das jeweils anliegende Schwungproblem gelöst, so höre ich sofort auf. Schließlich will ich meine Kraft für das Spiel selbst bewahren und sie nicht auf dem Übungsplatz verpulvern.

Auch komplette Schwunganalysen oder -änderungen mache ich niemals während des Spiels. Schon vor langer Zeit habe ich gelernt, daß es beim Bemühen um einen guten Score sehr viel vernünftiger ist, das Beste aus dem zu machen, wozu man gerade imstande ist, anstatt durch größere Manipulationen erhebliche Probleme heraufzubeschwören. Eine oder zwei ernsthafte, in der Vergangenheit bewährte und auf das augenblickliche Schwungproblem bezogene Überlegungen sind das Äußerste, was ich mir auf der Runde erlaube.

Ich beschreibe diese Gedanken und Methoden, um dadurch den Weg vorzuzeigen, auf dem ich jetzt den Schwung durchgehen will, und ich hoffe, daß er den Lesern als Richtschnur dienen wird.

Verstehen und lernen müssen Sie den Golfschwung im Kopf, praktisch aufbauen und entwickeln können Sie ihn nur auf dem Übungsplatz. Das erfordert fortgesetztes Studium und effektive Arbeit - Stück für Stück!

Ich versuche, meinen Kopf still zu halten – nicht starr –, so daß die Schultern sich im Schwung frei und ungehindert drehen können. Der Kopf dreht sich zu Beginn des Schwunges leicht nach rechts vom Ziel weg und nach dem Treffmoment wieder nach links in Richtung auf das Ziel

Auf dem Platz, im Spiel, muß Ihr Schwung dann aber wieder ein zusammenhängender, *fließender* Bewegungsablauf sein. Vergessen Sie das nie, wenn Sie an einem guten Score interessiert sind.

Da das Verhalten des Kopfes im Rückschwung für alle übrigen Körperteile so bedeutungsvoll ist, will ich mit ihm anfangen und mich dann abwärts weitervorarbeiten. Und da der Durchschwung seinen Ausgang vom Boden hat, werde ich nach dem Richtungswechsel am Ende des Rückschwunges mit den Füßen und Beinen anfangen und dann nach oben weitergehen.

Und schließlich werde ich meinen Schwung als einen geschlossenen Bewegungsablauf beschreiben, so, wie er zur Erzielung eines erfolgreichen Ergebnisses stets sein sollte.

Die Rolle des Kopfes

Ich war immer davon überzeugt, daß ein völlig still gehaltener Kopf die sichere Basis eines guten Golfschwunges darstellt. Das gilt in jedem Fall für mich und offenbar auch für die meisten großen Golfer der Geschichte.

Als ich vor ein paar Jahren darüber in Golf Digest schrieb, meinte jedoch Sam Snead in einem Leserbrief, daß ein zu starr gehaltener Kopf, vor allem bei älteren und weniger flexiblen Golfern, die Beweglichkeit doch sehr einschränken könnte. Es wäre besser, so meinte er, dem Kopf ein leichtes Bewegen zu erlauben, wenn der Schwung dadurch voller und freier ablaufen könnte, anstatt ihn selbst und damit womöglich den ganzen Bewegungsablauf gewissermaßen „einzufrieren".

Das ist sicher ein gutes Argument, und ich will deshalb ein besseres Wort für „still" oder sogar „fest" suchen. Vielleicht wäre „ruhig" am besten?

Leichte Kopfbewegungen sind bei einem kräftigen Golfschwung ganz unvermeidlich und manchmal wahrscheinlich sogar wünschenswert. So drehe ich mein Kinn zu Beginn des Rückschwunges nach rechts vom Ziel weg, um den Schultern für eine volle Drehung Platz zu machen, und drehe es nach dem Treffmoment wieder zurück zum Ziel hin, um dem Flug des Balles zu folgen und der rechten Schulter Platz zu machen, damit sie sich voll durch den Schlag hindurchdrehen kann.

Fotos zeigen auch, daß mein Kopf während des Abschwunges leicht nach unten und hinten geht, und zwar als Reaktion auf den starken Einsatz der Beine und das Zurückdrehen der Hüften.

Mein Kopf bewegt sich also offensichtlich, und ohne diese Bewegungen wäre ich sicher ein schlechterer Spieler. Auf der anderen Seite sind alle diese drei Bewegungen nur ganz leicht und „ruhig", und mein Spiel wäre wahrscheinlich sogar *sehr viel* schlechter, wenn diese Kopfbewegungen stärker und „lauter" würden.

Warum? Vier Gründe!

Zuerst und vor allem, weil der Kopf - oder zumindest die Spitze der Wirbelsäule unmittelbar unter dem Kopf - die Achse des Golfschwunges darstellt, die Nabe einer Rotationsbewegung, vom Ball weg und dann zurück und durch ihn hindurch. Verschieben Sie nun diese Achse vertikal oder horizontal, so verschieben Sie die Bahn des Schlägerkopfes in der gleichen Weise. Je mehr Sie aber die Schwungbahn des Schlägerkopfes auf halbem Weg verändern, desto schwerer wird es für Sie, den Ball sauber zu treffen.

Der zweite Grund betrifft das vergessene Gleichgewicht. Im Verhältnis zu seiner Größe ist der Kopf der schwerste Teil unseres Körpers. Je weiter Sie ihn daher durch ein Schwanken des Oberkörpers aus seiner Mittellage verschieben, desto mehr gefährden Sie Ihr Gleichgewicht. Ist das Gleichgewicht eines Golfers aber erst einmal verloren, so ist auch sein Schwung verloren.

Der dritte Anlaß, die Kopfbewegungen möglichst gering zu halten, betrifft die Torsion. Je voller Sie sich im Rückschwung aufdrehen, desto mehr Torsion und Hebelwirkung schaffen Sie, die dann im Ab- und Durchschwung in Zentrifugalkraft und Schlägerkopfgeschwindigkeit umgesetzt werden. Wenn Sie das Ende einer Spiralfeder nicht sicher verankern, so verliert sie ihre Energie, und Sie können sie nicht voll aufziehen. Das gleiche gilt für den Golfschwung.

Viertes und letztes Argument: Je mehr Sie den Kopf bewegen, desto schwerer wird es, genau auf den Ball zu schauen und desto größer ist das Risiko, das Gefühl für die korrekte Linie zum Ziel und die Schwungbahn des Schlägerkopfes zu verlieren. Je besser Sie aber auf das schauen, was Sie treffen wollen und wissen, wo Sie es treffen wollen, desto größer ist Ihre Chance, das Ziel auch wirklich zu erreichen.

Wie aber lernt es ein Golfer, um einen „ruhigen Kopf" herumzuschwingen? Hier ist Ausdauer entscheidend, weil nur weniges im Golf schwerer zu erfassen ist. Die beste Medizin zum Ruhighalten des Kopfes gab mir Jack Grout, als er mich mit flach am Boden festgenagelten Füßen Bälle schlagen ließ. Die Fußgelenke durften überrollen, die Absätze sich aber nicht heben. Dadurch blieb der Körper in einer zentralen Haltung, und ich behielt das Gleichgewicht.

Es gibt noch eine andere Methode von Jack Grout, die er mal anwandte, um einem sturen Burschen (mir!) das Gefühl einzuhämmern, daß man um eine feste Achse herumschwingen muß. Bitten Sie einen Freund, sich vor Sie zu stellen und Sie an den Haaren zu packen, während Sie einen Schwung machen.

Sie werden die Lektion ziemlich schnell lernen!

Einsatz des Oberkörpers

,,Du drehst dich nicht auf!" sagt uns der Lehrer oder der Golffreund.

,,Drehen Sie Ihre Schultern voll auf!" proklamieren die Lehrbücher und Golfmagazine.

Nach ,,Halt deinen Kopf still" und ,,Schau auf den Ball" muß wohl eine Ermahnung zum ,,Aufdrehen" zu den häufigsten Ratschlägen im Golf gehören. Wenn dies aber so oft wiederholt worden ist und ein wichtiges Schwungelement bei allen guten Spielern ist, warum muß diese Ermahnung dann ewig wiederholt werden?

Darauf gibt es meiner Ansicht nach zwei Antworten. Zuerst mal verstehen viele Golfer überhaupt nicht den Sinn und Zweck einer Schulter- und Hüftdrehung beim Rückschwung. Zweitens mögen sie vielleicht Sinn und Zweck einer solchen Drehung verstehen, können sie aber nicht ausführen. Wir wollen versuchen, beide Probleme hier zu lösen.

Gutes Golf ist ohne ausreichendes Aufdrehen von Schultern und Hüften im Rückschwung aus zwei Gründen unmöglich. Ich meine die Genauigkeit des Schlages und seine Länge.

Sprechen Sie einen Ball mit irgendeinem Schläger an, und versuchen Sie dann, ihn wirklich hart zu schlagen, ohne die Schultern dabei *im geringsten* aufzudrehen. Das geht überhaupt nur, wenn Sie den Schläger scharf nach oben, nach unten und wieder nach oben schwingen, unter ausschließlichem Einsatz von Händen und Handgelenken. Das ergibt einen U-förmigen Schwung in einer fast vertikalen Schwungbahn. Bei einem solchen Schwung können Sie von Glück reden, wenn Sie den Ball bei zehn Versuchen einmal richtig treffen. In der Mehrzahl der Fälle wird es ein Top, oder Sie schlagen hinter dem Ball in den Boden. Das kommt natürlich nur daher, daß der Schwungbogen Ihres Schlägerkopfes viel zu steil ist, so daß die Schlagfläche unmöglich voll auf die Rückseite des Balles auftreffen kann.

Anlaß No. 1 für ein Aufdrehen der Schultern ist also die Ausführung eines Schwunges, der so weit und so tief ist, daß der Schlägerkopf in Widerspiegelung seiner Rückschwungbahn beim Abschwung zum Treffmoment so flach schwingt, daß er den Ball square treffen kann.

Je weniger Sie also im Rückschwung Ihre Schultern und Hüften aufdrehen, desto mehr sind Sie gezwungen, nur mit den Händen und Armen zu schwingen. Je mehr Sie aber nur diese beiden Gliedmaßen allein einsetzen, desto steiler und U-förmiger wird die Schwungbahn Ihres Schlägerkopfes, und desto geringer wird Ihre Chance, den Ball square und hart zu treffen.

Wie schaut es nun mit der Schlaglänge aus? Wiederholen Sie den Ohne-Schultern-Rückschwung und halten Sie den Schläger im höchsten Punkt an. Wenn Sie keine Superman-Handgelenke haben, so bezweifle ich, daß Sie den Ball über das Ende des Abschlages hinausbekommen werden.

Anlaß No. 2 für ein Aufdrehen der Schultern ist also die Produktion von Energie - zur Umsetzung in Schlägerkopfgeschwindigkeit - durch die Hebelwirkung und Torsion des Körpers. Die rein physische Fähigkeit hierzu ist natürlich individuell begrenzt, was wir etwas später noch diskutieren werden. Generell aber läßt sich feststellen, daß das Ausmaß der Schulterdrehung im Rückschwung um eine feststehende Achse die Stärke der Hebelwirkung und der Torsion bestimmt. Mehr Hebelwirkung und Torsion ergeben eine höhere Schlägerkopfgeschwindigkeit und - vorausgesetzt, daß die Schlagfläche square auf ihn auftrifft - einen längeren Ball.

Damit habe ich die *Gründe* für das Aufdrehen hoffentlich klargemacht; denn ohne ein klares Verstehen dieser Faktoren kann man keinen präzisen und kräftigen Schwung aufbauen.

Aber jetzt stellt sich die Frage nach dem ,,Wie".

Je mehr ein Golfer beim Ansprechen den Oberkörper über den Ball beugt, desto schwerer ist es für ihn, den Oberkörper aufzudrehen und nicht nur die Schultern mehr oder weniger ruckartig hochzureißen.

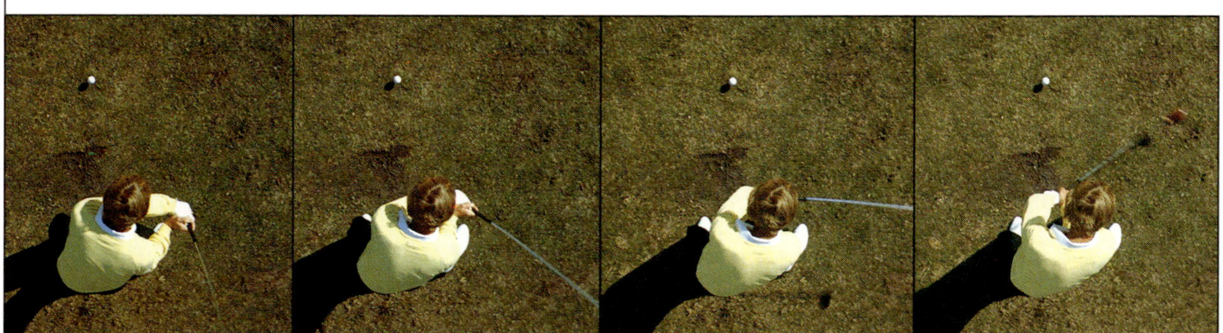

Der erste Anlaß für ein Audrehen der Schultern ist die Ausführung eines Schwunges, der so weit und so tief ist, daß der Schlägerkopf beim Abschwung bis zum Treffmoment so flach schwingt, daß er den Ball square und hart treffen kann

Wenn es Ihnen aber schwerfällt, die Schultern aufzudrehen und sie nicht zu senken, und wenn Sie im Rückschwung das Gefühl haben, „sich selbst im Weg zu sein", dann ist das ein sicheres Zeichen dafür, daß Sie Ihre Schultern gesenkt haben. Versuchen Sie, etwas aufrechter am Ball zu stehen und beim Ansprechen des Balles das Kinn und die Hände „hoch" zu halten.

Auf der Tour gibt es ein paar Spitzenspieler, die ihren Schwung mit den Händen und Handgelenken starten, den Schlägerkopf weit vor allen Körperteilen zurückschwingen und die Schultern trotzdem voll aufdrehen. Johnny Miller ist ein besonders gutes Beispiel dafür. Für den normalen Golfer dürfte das aber ein etwas schwieriges Manöver sein. Je mehr nämlich die Hände und Arme den Schläger unabhängig vom Körper zurückschwingen, desto eher haben die meisten Spieler dann das Gefühl, ihren Rückschwung bereits beendet zu haben. Und sobald dieses Gefühl auftritt, hören die Schultern auf, sich zu drehen.

Die Alternative dazu ist der in sich geschlossene Bewegungsablauf des gesamten Oberkörpers vom Ball weg, wobei dann sichergestellt ist, daß die Drehung der Schultern und Arme *im gleichen Augenblick* einsetzt, in dem der Schlägerkopf den Ball verläßt. Lassen Sie Schulterdrehung und Armschwung auf Kommando gleichzeitig einsetzen, und die beiden werden auch im weiteren Verlauf des Schwunges zusammenwirken. Erfolgt die Schulterdrehung aber zu spät, so wird sie wahrscheinlich auch zu schwach sein.

Ein einfaches Konzept, ein Gedanke, manchmal nur ein einziges Wort helfen einem Spieler bei der Erreichung eines Ziels oft mehr als ein Jahr lang Unterricht oder eine Vielzahl von Golfbüchern. Bei dem Bemühen um eine korrekte und volle Schulterdrehung hat mir in den zurückliegenden Jahren am meisten der Gedanke geholfen „Schwing um die Achse herum" oder, in ein einziges Wort zusammengefaßt, einfach „Achse"!

Bei diesem Wort stelle ich mir vor, daß anstelle der Wirbelsäule ein Stahlrohr durch meinen ganzen Oberkörper läuft, das beim Ansprechen des Balles in einem bestimmten Winkel nach vorn geneigt ist, der durch die Länge des gerade benutzten Schlägers bestimmt wird. Dann brauche ich mich nur noch darauf zu konzentrieren, meinen Oberkörper so frei und so vollständig wie möglich um diese Achse zu drehen, *ohne dabei ihren Neigungswinkel zu verändern.*

Und wenn in Ihren Bemühungen um eine volle Schulterdrehung nichts anderes mehr hilft, so versuchen Sie es einmal mit der Vorstellung des „Um-die-Achse-Schwingens". Sie werden feststellen, daß dies nicht nur dem Schwungbogen des Schlägerkopfes und der Schlägerkopfgeschwindigkeit zugute kommt, sondern Sie auch davon abhält, mit dem Oberkörper zu schwanken. Außerdem bleibt Ihr Kopf auf diese Weise „ruhig".

Ich bemühe mich beim Rückschwung um einen geschlossenen Bewegungsablauf des ganzen Oberkörpers vom Ball weg, wobei dann sichergestellt ist, daß die Drehung der Schultern und Arme im gleichen Augenblick einsetzt, in dem der Schlägerkopf den Ball verläßt. Lassen Sie dies auf ein Startkommando hin geschlossen einsetzen, und alle Teile werden auch im weiteren Verlauf des Schwunges zusammenwirken

Die Arme

Dreißig Jahre lang war die volle Streckung der Arme vom Körper weg beim Rückschwung einer der Grundzüge meines Spiels. Für die Präzision des Schlages wollte ich eine steile Schwungbahn und für seine Kraft einen weiten Schwungbogen. Ein zuerst weites und dann hohes Strecken der Arme ergab beides. In den 70er Jahren tappte ich dann in die Falle, die auf alle die Golfer wartet, die eine im Grunde gute Sache langsam übertreiben.

Beim Ansprechen bestimmen die Länge des jeweiligen Schlägers und die dementsprechende Entfernung des Spielers vom Ball die ideale Bahn seines Armschwunges. Ben Hogan hat das in seinem Buch „The Modern Fundamentals of Golf“ sehr schön graphisch dargestellt, indem er Tony Ravielli eine Glasscheibe zeichnen ließ, die von der Spitze des Balles über Bens Schultern hinaus reichte, mit einem Loch für seinen Kopf. Die unterbrochene gelbe Linie auf dem Foto zeigt meine ideale Armschwungbahn mit dem Driver auf eine ähnliche Weise.

Mit Hilfe dieses Konzeptes und unter Anleitung von Jack Grout fand ich Anfang 1980 endlich heraus, wieso ich nicht mehr voll in den Ball hinein- und durch ihn hindurchschwingen konnte und weshalb mein Schwungbogen im Treffmoment nicht so flach war, daß der Ball voll und sauber getroffen werden konnte. Jahrelang hatte ich mit jedem Schläger im Rückschwung „die Glasscheibe zerbrochen“. Durch das übertriebene Strecken hatte ich die Arme völlig vom Körper getrennt, und ich *hob den Schläger* bei jedem Rückschwung *aus der korrekten Schwungbahn heraus.*

Im Lauf der Jahre ist mein „fliegender rechter Ellbogen“ immer wieder Gegenstand der Kritik gewesen. Nun werden die Leute hoffentlich erfreut sein, daß dieser Zustand endlich abgestellt werden konnte. Um die Schwungbahn flacher – also „unter dem Glas“ – zu halten, mußte ich vor allem gleich am Anfang des Rückschwunges den rechten Ellbogen tiefer halten.

Das zu akzeptieren, war nicht leicht, nachdem ich 30 Jahre lang die volle Streckung der Arme als wichtigste Voraussetzung für einen präzisen und kraftvollen Schlag angesehen hatte. Die physische Bewältigung des Problems war sogar noch schwieriger, wurde aber mit Hilfe von drei gedanklichen Übungen, einem neuen praktischen Übungskonzept schließlich doch erreicht.

Da das „Brechen des Glases“ beim Ansprechen so häufig vorkommt, möchte ich diese gedanklichen und praktischen Übungen hier etwas näher erläutern.

Als der stilistisch vorbildliche Golfschwung vor Jahren noch etwas flacher war als heute, rieten die Lehrer ihren Schülern häufig, beim Schwung ein Taschentuch in die rechte Achselhöhle zu klemmen. Wenn ich selber auch nicht so weit gegangen bin, so ist es mir doch leichter gefallen, den rechten Ellenbogen schon in der ersten Phase des Rückschwunges fester an den Körper zu nehmen, wenn ich mir vorstellte, einen kleinen Gegenstand zwischen rechtem Oberarm und rechter Körperseite einzuklemmen und es mich zwei Strafschläge kosten würde, wenn ich ihn fallen ließe, bevor der Schläger mindestens halb hoch geschwungen war. Bleiben diese beiden Körperteile aber eher fest zusammen, so ist es ziemlich schwer, den Schläger irgendwie hochzuschwingen, ohne dabei den rechten Ellenbogen von vornherein abzubiegen und möglichst nahe an der rechten Körperseite zu halten.

Und nun mit den Armen niedriger oder tiefer zu schwingen, mußte ich ihre Schwungbahn mehr der nunmehr flacheren Drehung meiner Schultern anpassen (meine Schulterdrehung wurde – wie Sie sich erinnern werden – dadurch flacher, daß ich aufrechter und mehr in der Mitte über dem Ball stand). Das gelang am besten dadurch, daß ich während der ersten Hälfte des Rückschwunges das Ende des Schlägerschaftes möglichst gleichbleibend nahe an meinem Körper vorbeischwang.

Das muß ich wohl etwas genauer erklären.

Sie werden feststellen, daß das Ende des Schlägerschaftes beim Ansprechen des Balles ziemlich genau auf Ihren Nabel zeigt. Je länger das nach dem Einsetzen des Rückschwunges anhalten kann, desto mehr werden Ihr Armschwung und Ihre Schulterdrehung „verbunden“ sein. Je schneller das Ende des Schlägerschaftes aber aus dieser Stellung wegschwingt, desto mehr „trennen“ Sie Armschwung und Schulterdrehung.

Vielen Spielern, die sich angewöhnt hatten, die Arme am Anfang des Rückschwunges eher zu heben, fällt es nun schwer, den Schläger mit den Händen mehr nach innen als nach oben zu schwingen. Ich habe mir eine Eselsbrücke dadurch gebaut, daß ich mir an der Peripherie des gewünschten Schwungbogens eine ebenso gebogene Betonwand vorstellte. Wenn das nicht ausreichte, dann war diese Wand noch mit Glasscherben und Rasierklingen bestückt, und ich konnte mir dann lebhaft vorstellen, was meinen Händen bei einem Ausbrechen aus der korrekten Schwungbahn passieren würde.

All diese Vorstellungen halfen mir bei dem harten Bemühen, den rechten Ellenbogen schneller an den Körper zu nehmen, die Arme tiefer zu schwingen und die Schultern flacher aufzudrehen. Das nützlichste Hilfsmittel aber war die praktische Anwendung einer weiteren Überlegung. Eines Tages stellte ich mir vor, meine Oberarme seien buchstäblich an beide Seiten meiner Brust festgebunden, und dabei schlug ich den Ball dann so gut, daß ich dieses Konzept für alle praktischen Übungsstunden beibehalten habe.

(Siehe Foto auf der folgenden Seite)

Ich versuche dann bei einem möglichst vollen Schwung mit kurzen oder mittleren Eisen den rechten Oberarm im Rückschwung so nahe an der rechten Körperseite zu halten, wie es eben geht, und beim Durchschwingen dann den linken Oberarm an der linken Körperseite.

Wahrscheinlich werde ich den rechten Ellenbogen nie so schnell abwinkeln, wie ich es müßte, und mit den Armen nie so tief schwingen, wie ich es möchte; aber diese Übungen leiten mich wenigstens in die gewünschte Richtung. Auf diese Weise kommt übrigens der Schlägerkopf phantastisch zum Einsatz und - was genauso wichtig ist - man ist sich dessen auch voll bewußt. Beim Einsatz des Schlägerkopfes werden wir noch näher darauf zu sprechen kommen.

Noch eine letzte Korrektur meines früheren Armschwunges soll erwähnt werden. Es gab einmal eine Zeit, da dachte ich, die Welt müßte untergehen, wenn ich den linken Arm nicht während des ganzen Rückschwunges gestreckt hielte. Das fiel natürlich mit dem übermäßigen Strecken der Arme zusammen und begünstigte meinen zu steilen Schwung.

Wie Sie auf den Fotos sehen können, habe ich inzwischen gelernt, daß man schon etwas „nachgeben" muß, wenn man mit zunehmendem Alter noch voll durchschwingen will. Der Streß hat nachgelassen, der Einsatz des Schlägerkopfes ist besser geworden, und ich wünschte nur, ich wäre früher darauf gekommen.

Im Lauf der Jahre ist mein „fliegender rechter Ellenbogen" immer wieder Gegenstand der Kritik gewesen. Nun werden die Leute hoffentlich erfreut sein, daß dieser Zustand endlich abgestellt werden konnte. Die Arme können sich jetzt nicht mehr zu weit vom Körper entfernen und den Schläger nicht mehr „aus der korrekten Schwungbahn herausheben"

Einsatz der Hände und Handgelenke

Als ich Golf lernte, habe ich zuerst meine stärksten „Mittel" eingesetzt, und ich kann Ihnen nur das gleiche raten. In meinem Fall sind es die Beine und der Körper als Ganzes. Wenn dann alles andere funktionierte, so arbeiteten auch die Hände und Handgelenke unbewußt zur vollsten Zufriedenheit. Das ist heute noch so.

Beim Rückschwung achte ich darauf, daß meine Hände - vor allem die linke - leicht, aber dennoch fest am Schaft liegen und damit sicherstellen, daß er im Verhältnis zum Schwung der Arme und der Drehung des Körpers immer in der richtigen Lage bleibt. Es gibt Golfer, die sehr gut spielen, obwohl sie im Rückschwung die Hände etwas rutschen lassen und dann nachgreifen. Das macht aber den an sich schon komplizierten Vorgang nur noch komplizierter, und darum vermeide ich es wie die Pest.

Die Handgelenke haben bei mir im Rückschwung nur eine Aufgabe, die optimale Hebelwirkung zu erzeugen sowie Schlagfläche und Schaft am Ende des Rückschwunges in der korrekten Lage zu halten, indem sie sich als Reaktion auf die Schwunggewalt des Schlägerkopfes automatisch abwinkeln.

30 Jahre lang habe ich an diese Dinge kaum einen Gedanken verschwendet. Heute aber, nach der Schwungänderung in den 80er Jahren, sehe ich den Einsatz der Hände und Handgelenke in einem ganz anderen Licht.

Nachdem ich beim Ansprechen jetzt aufrechter und mehr zentral über dem Ball stehe und außerdem zur Erzielung einer flacheren Schulterdrehung und eines tieferen Armschwunges den rechten Ellbogen früher an den Körper nehme, merke ich, daß sich die Handgelenke jetzt etwas früher abwinkeln müssen, als ich es früher für richtig gehalten hätte. Als Folge davon strecken sich die Handgelenke dann im Abschwung auch erheblich früher, und ich kann den Schläger sehr viel leichter voll in den Ball hineinschwingen. Vielleicht machen Sie die gleiche Erfahrung?

Die Sache hat noch ein paar weitere Vorteile:

Um die Arme möglichst weit zu strecken und in einem möglichst weiten Bogen hochzuschwingen, habe ich das Abwinkeln der Handgelenke früher wahrscheinlich zu lange zurückgehalten. Seit 1980 ist aber die Schwungtiefe für mich sehr viel wichtiger als ein weiter Schwungbogen.

Das frühere Abwinkeln der Handgelenke ist ein exzellenter Schutz gegen ein zu weites Wegstrecken der Arme vom Körper in der ersten Phase des Rückschwunges. Neigen Sie also dazu, Arme und Körper zu sehr zu

Obwohl sich meine Handgelenke jetzt früher abwinkeln als bisher, ist es trotzdem noch relativ spät, weil ich nach wie vor finde, daß dieses Abwinkeln als natürliche Reaktion auf die Schwunggewalt des Schlägerkopfes stattfinden sollte. Das Abwinkeln kann also erst einsetzen, wenn der Schlägerkopf im Rückschwung bereits höher ist als die Hände

„trennen", so wird auch Ihnen ein etwas früheres und leichtes Abwinkeln der Handgelenke helfen, Armschwung und Körperdrehung wieder mehr „zusammenzubringen".

Noch einen weiteren Vorteil habe ich aus dem früheren Abwinkeln der Handgelenke gezogen. Er betrifft die Schwungbahn des Schlägers. Den Schläger von vornherein nach innen zu schwingen und ihn zur Erzielung einer ausreichenden Schwungtiefe auch dort zu halten, war bis Anfang der 70er Jahre eines meiner größten Probleme. Ein etwas früheres Abwinkeln der Handgelenke hat mir diese Schwungkorrektur sehr erleichtert.

Nach all diesen Ausführungen sollte ich vielleicht doch unterstreichen, daß die Veränderungen den Bewegungsablauf meiner Hände und Handgelenke im Rückschwung nur unwesentlich beeinflußt haben. Meine Handgelenke winkeln sich nach wie vor relativ spät ab, weil ich immer noch finde, daß dieses Abwinkeln als natürliche Reaktion auf die Schwunggewalt des Schlägerkopfes stattfinden sollte. Es kann also erst einsetzen, wenn der Schlägerkopf im Rückschwung bereits höher ist als die Hände.

Versuche ich aber, irgendwann während des Rückschwunges die Hände und Handgelenke bewußt zu beeinflussen, so bringe ich damit den Schlägerkopf todsicher aus seiner korrekten Schwungbahn und verdrehe außerdem seine Schlagfläche.

Das sollte meiner Ansicht nach allgemein gültig sein. Ich möchte aber trotzdem einen in diesem Buch schon einmal gegebenen Rat an dieser Stelle wiederholen.

Wenn eine andere Methode bei Ihnen *dauerhaft* funktioniert, so sollten Sie nicht einmal daran denken, sie abzuändern. Es gibt viele Wege zu gutem Golf, und solange Sie gute Zahlen auf Ihre Scorekarte schreiben können, wird kein Mensch Sie danach fragen, wie Sie es gemacht haben.

Einsatz der unteren Körperpartien

Nehmen Sie irgendeinen geschmeidigen, biegsamen Gegenstand – zum Beispiel einen Trinkstrohhalm. Halten Sie ihn fest an einem Ende und verdrehen Sie das andere. Sobald Sie dieses Ende dann loslassen, wird der Strohhalm sofort in seine ursprüngliche Form zurückfedern. Das ist ein Beispiel für Torsion, und Torsion plus Hebelwirkung sind die Hauptkraftquellen im Golf.

Die meines Wissens einzige Methode, genügend Torsion und Hebelwirkung in einen Golfschlag zu packen, um all die langen Par 4-Löcher in zwei Schlägen zu erreichen, besteht im Aufbau einer Federspannung zwischen der oberen und der unteren Hälfte unseres Körpers. Und damit wollen wir uns jetzt beschäftigen. Aber für alle diejenigen, die ihr Golf um jeden Preis verbessern wollen, möchte ich doch erst einmal ganz objektiv ein paar Tatsachen herausstellen.

Es gibt Spieler, die den mechanischen Ablauf des Schwunges exzellent beherrschen, die manchmal sogar einen richtigen Bilderbuch-Schwung haben, deren Bälle aber trotzdem viel kürzer sind, als man es erwarten sollte. Was ihnen fehlt, ist fast immer Torsion und/oder Hebelwirkung.

Beim Vergleich dieses Golfers mit einem Automobil würden Sie sagen, seine Karosserie ist in Ordnung, aber der Motor zu schwach. Und warum ist dieser Motor gerade bei Wochenend-Golfern häufig so schwach? Der Aufbau von Torsion und Hebelwirkung setzt Kraft und Elastizität, Flexibilität, Gewandtheit und gute Muskeln voraus – kurz, eine gute physische Kondition. Das mag keine sehr tröstliche Überlegung sein, aber es ist die Wahrheit. Und wenn Sie die ganze Woche auf Ihrem Büroschemel sitzen und dann am Wochenende im Wagen über den Golfplatz fahren, dann werden Sie sich nie zu einem Kraftpaket entwickeln.

Ende der Moralpredigt. Und nun an die Arbeit!

Erinnern wir uns: Die wichtigste Aufgabe der unteren Körperhälfte besteht im Rückschwung darin, für all das, was in der oberen Hälfte passiert, eine feste Basis und einen wohl dosierten Widerstand abzugeben. Um das zu gewährleisten, muß der Oberkörper in dieser Schwungphase *immer* der führende Teil und die untere Körperhälfte immer der nachfolgende Teil sein. Mit anderen Worten – was auch unterhalb der Gürtellinie passiert, muß immer die *Wirkung* und niemals die Ursache dazu sein, was in der oberen Hälfte vor sich geht. Und wenn Sie sonst nichts aus diesem Kapitel gelernt haben, so verankern Sie zumindest diesen einen Gedanken fest in Ihrem Golf-Bewußtsein.

Bevor ich Ihnen jetzt die Arbeitsweise meiner unteren Körperpartien im vollen Schwung schildere, noch eine Warnung. Je weniger gelenkig oder athletisch Sie sind, desto mehr sollten Sie Ihre untere Körperhälfte im Schlag einsetzen, und zwar als Reaktion auf die Drehung des Oberkörpers. Das mag etwas von der Widerstandskraft der unteren Körperpartien aufzehren, es mag auch einen Teil der Torsion und damit der Schlägerkopfgeschwindigkeit kosten. Aber das beeinträchtigt Ihren Score sehr viel weniger als der übermäßig U-förmige Schwungbogen, der das zwangsweise Ergebnis eines unzureichenden Aufdrehens des Oberkörpers à conto zu starken Widerstandes seitens der unteren Hälfte sein müßte.

Versuchen Sie aber nicht, begrenzt und steil zurückzuschwingen, um so mehr Torsion und Hebelwirkung aufzubauen, als Ihnen physisch überhaupt möglich ist. Das nimmt Ihrem Schlag nur Präzision und Länge.

Die ,,Kettenreaktion'' in meinen unteren Körperpartien bei einem vollen Rückschwung erscheint mir wie folgt:

Wenn der Oberkörper beginnt, sich unter meinem ,,ruhigen'' Kopf um die imaginäre Stange der feststehenden Schwungachse zu drehen, dann ist die erste Reaktion im Untergeschoß eine entsprechende, aber *geringere* Drehung der Hüften. Das geschieht völlig unbewußt; die Hüften werden durch die Drehbewegung der Schultern und den Schwung der Arme ganz von selbst *herumgezogen.* Im Gegensatz zu früher achte ich heute auch darauf, daß die Hüften bei dem ganzen Bewegungsablauf möglichst immer auf gleicher Höhe bleiben und sich nicht nach vorn absenken. Mehr darüber später.

Da ich in der Körpermitte sehr kräftig bin und die Schultern besonders weit aufdrehe, haben sich meine Hüften bei einem vollendeten Rückschwung mit den langen Schlägern weiter aufgedreht, als dies bei einem schwächer gebauten Golfer der Fall wäre, der die Schultern nicht so weit aufdrehen könnte. Aber das ist nicht entscheidend! Wichtig zum Aufbau von Torsion und Hebelwirkung aber ist, daß die Schultern sich in jedem Fall *weiter aufdrehen als die Hüften.*

So wie die Hüften dem Zug der Schulterdrehung und des Armschwunges folgen, so reagieren die Beine und Füße auf den Zug der Hüften.

Mein linkes Knie beugt sich erst nach vorn und wird dann mehr und mehr nach innen gezogen, bis es am Ende des Rückschwunges weit hinter einer Linie ist, die vom Ball senkrecht nach oben verläuft. Damit dies geschehen kann, ohne daß Hüften und Schultern nach vorn kippen, rollt das linke Fußgelenk nach innen, während der linke Absatz sich leicht vom Boden abhebt. Bei den Hölzern und langen Eisen ist der linke Absatz am Ende des Rückschwunges dann klar sichtbar vom Boden abgehoben.

Das rechte Bein hat die Aufgabe, meinem Schlag als Stütze zu dienen und sicherzustellen, daß er ,,zentriert'' bleibt, daß er sich zu Beginn und im weiteren Verlauf um die feststehende Achse dreht und dabei gleichzeitig die Torsion zwischen oberer und unterer Körperhälfte aufbaut

Die Bewegungen der unteren Körperhälfte sollten immer als Reaktion auf die der oberen erfolgen. Ich halte meine Hüften weder absichtlich zurück, noch drehe ich sie bewußt auf, ich lasse es einfach geschehen, daß sie durch die Drehbewegung der Schultern und den Schwung der Arme mit herumgezogen werden

Als natürliche Reaktion auf dieses „Von-oben-nach-unten-Aufdrehen und Herumziehen" verlagert sich das Körpergewicht allmählich auf das rechte Bein. Dieses Bein hat die überaus wichtige Aufgabe, meinem Schwung als Stütze zu dienen und sicherzustellen, daß er „zentriert" bleibt, daß er sich zu Beginn und auch im weiteren Verlauf um die feststehende Achse dreht und dabei gleichzeitig in zunehmendem Maß die häufig zitierte Torsion zwischen oberer und unterer Körperhälfte aufbaut.

Das rechte Bein kann seine Aufgabe am besten erfüllen, wenn es das Körpergewicht übernimmt und damit dem wachsenden Druck der Körperdrehung entgegensteht, wobei es *seine beim Ansprechen eher flexible Position nur unwesentlich verändern darf.* Ich drehe mich bei den langen Schlägern tatsächlich so weit auf, daß mein rechtes Knie leicht nachgibt und sich bei der Vollendung des Rückschwunges sogar noch etwas weiter vom Ziel wegdreht. Diese Bewegungen sind aber so gering, daß man sie zugunsten eines freien Bewegungsablaufes ohne weiteres tolerieren kann. Wären sie allerdings merklich größer, so würden sie die Torsion auflösen und den beim Ansprechen festgelegten Schwungbogen des Schlägerkopfes verändern.

Es ist schon lange her, seit ich ein Element meines Schwunges so genau analysiert habe, und wenn ich das jemals im Spiel versuchen würde, so ergäbe das mit Sicherheit einen Score über 80. Halten Sie sich das stets vor Augen!

Das Wichtigste in bezug auf den Bewegungsablauf der unteren Körperpartien aber ist, daß sie bei korrektem Einsatz des Oberkörpers auf diesen *reagieren.* Das sollten Sie immer anstreben.

Zwei wichtige Winkel

Erinnern wir uns noch mal daran, daß der Hauptzweck eines Golfschwunges darin besteht, den Schlägerkopf in dem Sekundenbruchteil des Treffmomentes so an den Ball zu bringen, daß er dabei auf der Linie zum Ziel schwingt und seine Schlagfläche square zu dieser Linie ausgerichtet ist.

Zwei Winkel am Ende des Rückschwunges sind gute Indikatoren dafür, ob und wie gut Sie diese beiden Ziele erreichen, vorausgesetzt, daß Ihr Abschwung - wie er sein sollte - sozusagen ein Abbild Ihres Rückschwunges darstellt.

Sie können diese Winkel selbst natürlich nicht sehen, aber ein Lehrer oder ein Freund mit geschultem Golf-Auge könnte sie leicht nachprüfen. Wenn Sie die Pros vor den Turnieren auf dem Übungsplatz beobachten, werden Sie häufig sehen, daß sie sich diesen kleinen Freundschaftsdienst gegenseitig erweisen.

Zuerst wollen wir uns den Indikator für die Schwungbahn des Schlägerkopfes vornehmen. Drei kleine Diagramme (siehe S. 97) sollen das illustrieren. Auf sie beziehen sich die nachfolgenden Ausführungen.

Zur Vereinfachung des Verfahrens nehmen wir an, daß Sie Ihren Schläger regelmäßig bis in eine horizontale Lage zurückschwingen (übrigens bei den langen Schlägern ein höchst erstrebenswertes Ziel).

Ist der Schlägerschaft in diesem Punkt auch *parallel* zur Linie zum Ziel, so ist das ein sicheres Anzeichen dafür, daß die Schwungbahn während des ganzen Rückschwunges im Verhältnis zur Linie zum Ziel konstant und korrekt geblieben ist (siehe Zeichnung A). Solange nun Ihr Abschwung den Aufschwung widerspiegelt, wird die Schwungbahn des Schlägerkopfes auch bis zum Treffmoment und darüber hinaus korrekt bleiben. In diesem Fall kommt der Schlägerkopf von innen an den Ball heran, schwingt für den Sekundenbruchteil des Treffmoments dann auf der Linie zum Ziel, um dann im Durchschwung wieder nach innen zu gehen. Ist die Schlagfläche dann im Treffmoment auch noch square ausgerichtet, so kann der Ball eigentlich nur schnurgerade zum Ziel fliegen.

Ärger gibt es, wenn der Schläger am Ende des Rückschwunges „die Linie kreuzt" (Schaft zeigt nach rechts vom Ziel, oder er ist „laid off", das heißt, er zeigt nach links vom Ziel). Wenn dann, wie auf den beiden unteren Bildern dargestellt, der Abschwung als ein Abbild des

Ist der Schläger am Ende des Rückschwunges in der idealen Square-Stellung, so sind der Rücken der linken Hand, der linke Arm und die Schlagfläche alle gleich ausgerichtet, und zwar im gleichen Verhältnis zueinander wie beim Ansprechen des Balles

Rückschwunges abläuft, so kann der Schlägerkopf im Treffmoment nur *quer über* die Linie zum Ziel an den Ball kommen und nicht genau square.

Wenn der Schlägerschaft, so wie auf Abbildung B dargestellt, am Ende des Rückschwunges ,,die Linie kreuzt'', so wird der korrespondierende Abschwung den Schlägerkopf zu sehr von innen an den Ball bringen und dann nach außen (außerhalb der Linie zum Ziel) durchschwingen. Das ergibt dann, je nach Ausrichtung der Schlagfläche, einen Push oder Hook. Ist der Schaft, so wie in Abbildung C, am Ende des Rückschwunges ,,laid off'', so wird der korrespondierende Abschwung den Schlägerkopf von außen an den Ball bringen und ihn dann quer über die Linie zum Ziel nach innen durchschwingen. Hierbei ergibt sich dann, je nach Ausrichtung der Schlagfläche, ein Pull oder Slice.

Generell läßt sich also folgendes feststellen: Je besser es Ihnen gelingt, den Schlägerschaft am Ende des Rückschwunges parallel zur Linie zum Ziel zu halten, desto größer ist Ihre Chance, den Ball gerade zum Ziel zu schlagen.

Das Foto aus der Vogelperspektive zeigt, daß ich bei meinem neuen Schwung am Ende eines Rückschwunges mit dem Driver die Linie etwas kreuze als Ergebnis der sehr starken und flacheren Schulterdrehung, die über das theoretisch ideale Maß von 90 Grad hinausgeht. Das ergibt dann als allgemeines Schlagmuster eher einen Draw als einen Fade, und diesen Draw habe ich beibehalten, nicht zuletzt wegen der Extralänge dieser Bälle. Sie persönlich mögen vielleicht auch einen Ball von rechts nach links vorziehen, solange er kontrollierbar und wiederholbar ist und Ihrem Schlag etwas mehr Länge gibt. Trotzdem finde ich, daß die Parallelstellung des Schlägers am Ende des Rückschwunges nach wie vor ein erstrebenswertes Ziel ist.

Weicht Ihr Schlägerkopf dagegen am Ende des Rückschwunges nach ,,außen'' (laid off) ab, und erzielen Sie mit den daraus resultierenden, von links nach rechts gehenden Schlägen gute Ergebnisse, so sollten Sie es sich zweimal überlegen, bevor Sie irgendeinen größeren Wechsel riskieren. Eine bis zur Parallellage oder leicht darüber hinausgehende Stellung des Schlägerschaftes am Ende des Rückschwunges könnte das Spiel vieler Wochenend-Golfer verbessern, weil sie dann gezwungen wären, ihren Körper weiter aufzudrehen und die Arme tiefer zu schwingen. Damit aber würden sie ihren Schlägerkopf stärker beschleunigen und den Ball auch sauberer treffen.

Jetzt zum Indikator für die Ausrichtung der Schlagfläche. Weiter vorn im Buch habe ich den Vergleich mit der sich öffnenden Tür angestellt, um die ideale Relation zwischen der Ausrichtung der Schlagfläche und der Bahn des Schlägerkopfes im Rückschwung darzustellen. Sie werden sich erinnern, daß die Außenkante der Schwingtür (die Schlagfläche) beim Aufschwingen einen Winkel von 90 Grad - oder genau square - zu ihrem Schwungbogen beibehält, der damit dem Schwungbogen des Schlägerkopfes entspricht.

Die Ausrichtung Ihres linken Handrückens in der Relation zum linken Unterarm am Ende des Rückschwunges sagt etwas darüber aus, ob Sie diese ideale Square-Stellung erreicht haben, und wenn nicht, wieso nicht.

Angenommen, Sie stehen richtig am Ball. Dann bilden der ganze linke Arm und der Schlägerschaft eine von der Schulter bis zum Ball verlaufende gerade Linie. Außerdem sind der Rücken der linken Hand und der Unterarm beim Einsetzen des Schwunges ebenfalls in einer Linie.

Sind dann am Ende des Rückschwunges der linke Handrücken und der linke Unterarm noch genauso ausgerichtet, dann haben Sie die ideale Schwingtür-Square-Relation zwischen Schlagfläche und Schwungbahn beibehalten. Wenn sonst alles stimmt und der Abschwung das Abbild des Aufschwunges ist, so müßte jeder Golfer aus dieser Position square an den Ball kommen.

Das Verhältnis wird aber gestört, sobald der Spieler irgendwann im Rückschwung diese gradlinige Verbindung zwischen dem linken Handrücken und dem linken Unterarm aufhebt, indem er seine Hände unabhängig vom Bewegungsablauf des ganzen Körpers agieren läßt. Das kann zwei Folgen haben, die beide - zumindest für den unerfahrenen Spieler - höchst nachteilig sind.

Meistens knickt das linke Handgelenk nach innen ab und dreht dadurch die Schlagfläche auf. Wenn das nicht im Abschwung korrigiert wird, so bleibt die Schlagfläche bis zum Treffmoment geöffnet, was notwendigerweise zu einem Push oder Push-Slice führt. Dreht sich das linke Handgelenk dagegen nach außen, so schließt es dabei die Schlagfläche am Ende des Rückschwunges. Bleibt diese dann im Abschwung geschlossen - was die meisten Spieler dann nicht mehr verhindern können -, so gibt es einen Pull oder Pull/Hook.

Es gab immer wieder Spitzenspieler, die in der Lage waren, die Schlagfläche im Treffmoment wieder gerade an den Ball zu bringen, obwohl am Ende des Rückschwunges das linke Handgelenk abgeknickt und die Schlagfläche aufgedreht waren. Sie ließen die Hände und Unterarme beim Treffen des Balles entsprechend „überrollen". Diese Extrabeschleunigung des Schlägerkopfes ergab dann sogar eine Extralänge des Schlages.

Das Zurückdrehen eines abgeknickten Handgelenkes und eines geschlossenen Schlägerblattes am Ende des Rückschwunges erfordert nämlich einen starken Einsatz der Beine und ein ebensolches Zurückdrehen der Hüften, um im Abschwung den Einsatz des Schlägerkopfes mit den Händen und Handgelenken zurückzuhalten. Zu meiner Zeit konnten das nur eine Handvoll Spieler auf der Tour - Lee Trevino war mit das beste Beispiel - und blieben dabei trotzdem an oder nahe der Spitze.

Ein solcher Schwungablauf erfordert normalerweise unbändige Kraft und endloses Üben - und selbst dann werden Timing und Schlaglänge ein Problem bleiben.

Ich persönlich habe jedenfalls immer dann am besten gespielt, wenn ich die Square-Position am Ende des Rückschwunges beibehalten konnte, und aus einer leicht aufgedrehten Position der Schlagfläche bin ich auch noch gut über die Runden gekommen. Sobald ich die Schlagfläche aber oben zudrehte, ging die Sache schief.

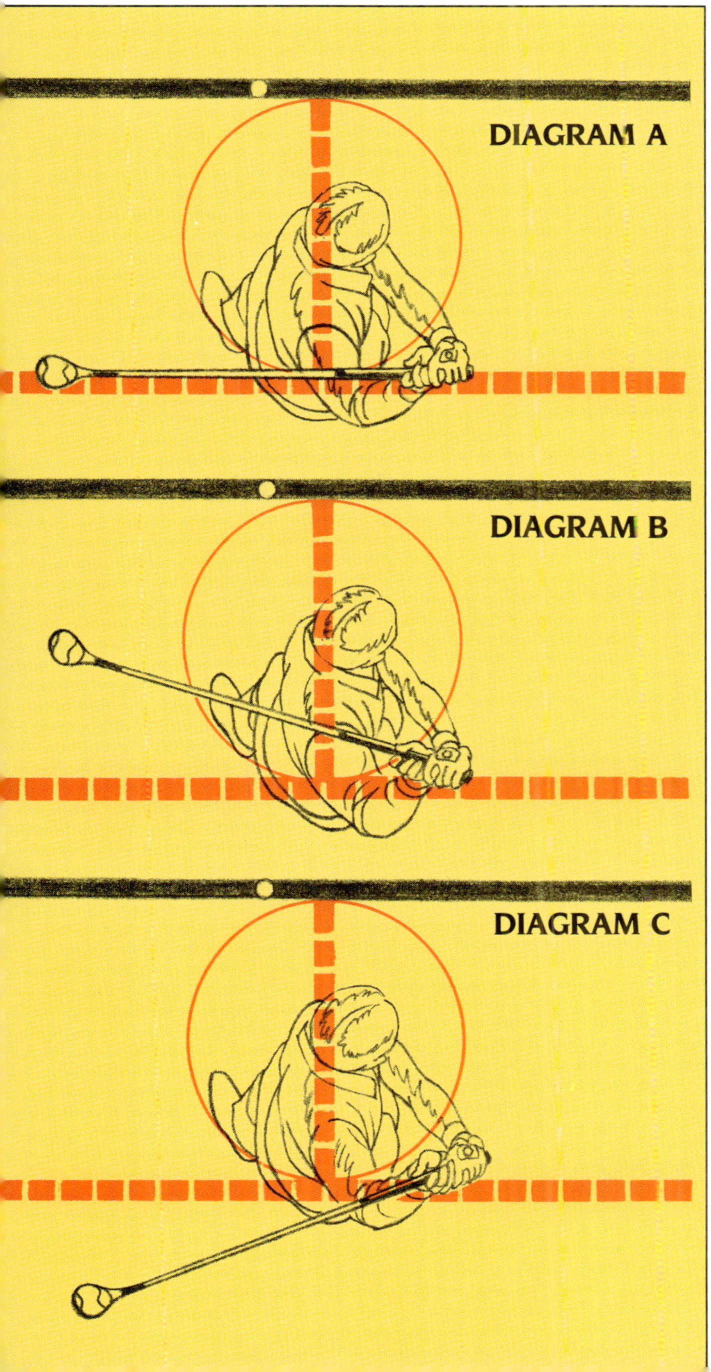

Die Abbildungen auf der linken Seite zeigen einmal richtiges und zweimal falsches Verhalten am Ende des Rückschwunges. In allen Fällen nehmen wir an, daß die Schultern aus der Ansprechposition heraus um 90 Grad aufgedreht wurden und daß der Schlägerschaft in horizontaler Lage ist. In Abbildung A liegt der Schlägerschaft parallel zur Linie zum Ziel, so daß Schläger, Hände und Arme für den Abschwung in einer guten Ausgangslage sind. In Abbildung B liegt der Schaft „quer über der Linie', was dann im Endeffekt zu einem Hook oder Push führt. In Abbildung C ist der Schaft „laid off", und das Ergebnis dürfte ein Slice oder Pull sein. Die Lage des Schlägerschaftes ist jeweils in der Relation zur Ausrichtung der Schultern dargestellt. Solange dieses Verhältnis am Ende des Rückschwunges lotrecht (90 Grad) bleibt, ist die Position korrekt. In der Abbildung auf der gegenüberliegenden Seite scheint mein Schlägerschaft quer über der Linie zu liegen. Das kommt aber nur daher, daß ich meine Schultern über 90 Grad hinaus aufdrehe. Die Relation zwischen dem Schlägerschaft und meinen Schultern ist trotzdem lotrecht und damit in Ordnung

1
2

Kein Anhalten am Ende des Rückschwunges

„Ende des Rückschwunges" ist ein geläufiger terminus technicus, der wahrscheinlich schon seit dem Tag in Gebrauch ist, als ein Holländer oder Schotte sich überlegte, wie man einen Golfball wohl besser als bisher schlagen könnte. Als tatsächliche Position existiert das „Ende des Rückschwunges" bei den meisten guten Spielern aber nicht. Und solange damit der völlige Stillstand am Ende eines Bewegungsablaufes und der bewußte Einsatz eines neuen Bewegungsablaufes gemeint sind, möchte ich Ihnen auch davon abraten.

Die moderne Hochgeschwindigkeitsfotografie zeigt, daß beim Schwung guter Spieler der Schlägerkopf noch zurückschwingt, während in der unteren Körperhälfte des Spielers bereits die Vorwärtsbewegung einsetzt. Diese allerletzte Rückschwungbewegung resultiert im Idealfall aus dem leicht verstärkten Abknicken der Handgelenke. Es ist kaum erkennbar, dauert nur den Bruchteil eines Augenblicks und geschieht mit Sicherheit unbewußt; aber es gehört zu dem Schwung jedes erstklassigen Golfers, dessen Körper am Ende des Rückschwunges eben nicht zum völligen Stillstand kommt.

Auch bei keinem der heutigen Meister werden Sie sehen, daß er seinen Bewegungsablauf am Ende des Rückschwunges vollständig anhält, und zwar aus folgenden Gründen:

Erstens: Ein kleines Extra-Abknicken der Handgelenke beim Wechsel der Schwungrichtung ist ein sicheres Zeichen für ein optimales Aufdrehen im Rückschwung – wie bei einem Automobil, das Brennstoff mit hoher Oktanzahl bekommt.

Zweitens: Dieses kleine Extra-Abknicken der Handgelenke am Ende des Rückschwunges schützt vor einem zu frühen Einsatz der Handgelenke im Abschwung. Je stärker sie nämlich beim Wechsel der Schwungrichtung abgeknickt sind, desto schwerer ist es, den Schlägerkopf im Abschwung zu schnell in den Schlag zu „werfen".

Dritter und wichtigster Grund: Das zusätzliche Abknicken beim Schwungwechsel zeigt an, daß der bisher von oben nach unten aktivierte Schwung nunmehr *von unten nach oben* eingeleitet wird.

Gerade diesen letzten Punkt können Sie auf den Fotos von mir hier klar erkennen. Wenn im ersten Bild mein linker Hacken durch das Aufdrehen des Körpers bis zum höchsten Punkt hochgezogen wird und dadurch das Ende der Schwungbewegung nach oben anzeigt, ist der Schlägerschaft noch über der Horizontalen. Auf dem zweiten Bild senkt sich der linke Hacken bereits wieder zum Boden und signalisiert damit das Einsetzen des Abschwunges, während der Schlägerschaft jetzt erst über die horizontale Lage hinaus hochgeschwungen ist. Erst auf dem dritten Bild, auf dem der linke Fuß bereits wieder fest auf dem Boden steht, ist der Schlägerkopf wieder über der Horizontalen, also in der Lage, in der er war, als ich meinen Rückschwung „beendete".

Die kleine Bildfolge zeigt, daß beim Wechsel vom Rück- in den Abschwung stets irgendein Teil meines Körpers in Bewegung ist. Auf Bild 1 ist das Aufdrehen der unteren Körperpartien bereits beendet, während der Driver noch zurückschwingt. Auf Bild 2 hat die Vorwärtsbewegung der unteren Körperpartien eingesetzt, während der Schläger immer noch zurückschwingt, und auf Bild 3 gehen die Beine bereits voll nach vorn, während der Schläger gerade erst mit dem Abschwung begonnen hat

Ab- und Durchschwung

Das richtige Verhältnis der Vorwärtsbewegungen zueinander

Im Laufe der Jahre bin ich immer wieder gebeten worden, mich für Fotos ,,am Ende des Rückschwunges" zur Verfügung zu stellen. Ich habe jedoch meistens eine Alternative vorgeschlagen, weil solche Bilder nicht den wahren Bewegungsablauf zeigen.

Ich werde diesen Ablauf im Ab- und Durchschwung gleich im Detail erläutern. Vorher wäre es aber sinnvoll, sich noch einmal den Gesamtablauf eines einwandfreien Golfschwunges vor Augen zu führen.

Der volle Golfschwung ist im Grunde nichts anderes als eine Serie von Kettenreaktionen:

Der erfahrene Golfer bereitet sich beim Ansprechen des Balles auf jeden Schlag sehr genau vor. Das gilt für seinen Griff, die Ausrichtung der Schlagfläche sowie die Ausrichtung und Haltung des ganzen Körpers, um dadurch die optimale ,,Schlag-Geometrie" im Treffmoment und den gewünschten Flug des Balles sicherzustellen. Vom Einsetzen des Rückschwunges an bemüht er sich um einen Bewegungsablauf, der diese Geometrie bis zum Ende des ganzen Schwungvorganges bewahrt, während er gleichzeitig durch das Aufdrehen des Körpers vom Ziel weg und progressiv von oben nach unten dem Schwung noch besonderen ,,Dampf" gibt.

Körperbau und Koordinationsfähigkeit bestimmen bei jedem Golfer die Grenze, bis zu der er sich aufdrehen, bis zu der er ,,Dampf" geben kann, ohne die Kontrolle über den Schwung zu verlieren und die ,,Schlag-Geometrie" zu gefährden. In diesem Punkt dreht er *instinktiv* den Rückschwung-Prozeß um, indem er seinen Körper von unten nach oben wieder zum Ziel zurückdreht.

Läuft das alles richtig ab, und zwar wie eine Reflexbewegung, dann sind Haltung und Ausrichtung des Spielers im Treffmoment derjenigen beim Ansprechen sehr ähnlich, die Geometrie wurde gewahrt, und der Ball wird sauber und hart getroffen. Der Dampf aus dem Rückschwung, durch das Zurückdrehen beim Abschwung in Schlägerkopfgeschwindigkeit umgesetzt, gibt dem Ball die notwendige Länge.

Da aber der Abschwung derjenige Teil des ganzen Bewegungsablaufes ist, in dem der Ball tatsächlich getroffen wird, können die meisten Golfer der Versuchung nicht widerstehen, ihn Stück für Stück zu analysieren. Und viele beschäftigen sich mehr oder weniger dauernd damit, sowohl beim Üben als auch im richtigen Spiel. Dieses Analysieren und bewußte Arbeiten am Ablauf des Abschwunges ist ganz in Ordnung und auch nützlich, solange man zwei harte Tatsachen berücksichtigt:

Auf lange Sicht gesehen ist Ihr Abschwung immer nur so gut wie Ihr Aufschwung und Ihr Aufschwung nur so gut wie Ihre Vorbereitungen auf den Schwung. Machen Sie also im Abschwung einen schweren Fehler, so werden Sie ihn in 99 von 100 Fällen nur dann nachhaltig kurieren, wenn Sie vorher den Fehler im Aufschwung erkennen und kurieren. Und das bedingt wiederum in 99 Fällen, daß Sie erst einmal den grundsätzlichen Fehler in Ihren Schwungvorbereitungen abstellen.

Ich hoffe, daß Sie nach diesen einführenden Worten bei der nun folgenden Behandlung des Ablaufes des Ab- und Durchschwunges die einzelnen Elemente und Vorgänge in ihrem richtigen Zusammenhang erkennen werden. Und erinnern Sie sich *bitte* daran, daß jede in diesem Kapitel beschriebene Bewegung optimal als ,,Wirkung" abläuft und nicht als eine ,,Ursache"!

Der Abschwung ist das unbewußt ablaufende Abbild des Rückschwunges, wobei der Körper sich von unten nach oben wieder zum Ziel zurückdreht

1
3
2

1

Was geschieht tatsächlich nach dem Einsetzen des Abschwunges?

Ich habe in diesem Buch schon zu wiederholten Malen betont, daß mein Abschwung, gut ausgeführt, als eine Reaktion auf die Schwungvorbereitungen und den Aufschwung abläuft. Deswegen ist es nicht ganz einfach, seinen mechanischen Ablauf im Detail zu beschreiben.

Es scheint mir aber doch wichtig, das tatsächliche und gefühlsmäßige Geschehen vom Ende des Rückschwunges bis zum Treffmoment und darüber hinaus zu schildern, und ich möchte dabei eigentlich ein Wort in den Mittelpunkt stellen – ,,ziehen''.

Am Ende des Rückschwunges ist mein linker Absatz bei den langen Schlägen ganz klar vom Boden hochgezogen worden, und bei den kürzeren Schlägen werde ich zumindest auf die Innenkante des linken Fußes gezogen. Beim Abschwung wird dann in jedem Fall zu allererst der linke Absatz wieder fest auf den Boden aufgesetzt, und zwar hoffentlich an der gleichen Stelle, an der er vorher stand.

Die unmittelbare Folge dieses Wiederaufsetzens des linken Fußes ist eine Kettenreaktion. Ich will versuchen, sie so zu beschreiben, als ob ich jede einzelne Bewegung im Zeitlupentempo erkennen und erleben würde.

Wenn ich den linken Absatz wieder aufsetze, so zieht er das linke Knie nach vorn in Richtung auf das Ziel, dem dann das rechte Knie, die Hüften, der Körper, die Schultern, die Arme, die Hände, der Schlägerschaft und zuletzt der Schlägerkopf folgen.

So würde ich den Bewegungsablauf in der *ersten Hälfte* des Abschwunges erleben, wenn er sich so langsam ausführen ließe, daß ich den Ablauf und seine Reihenfolge genau verfolgen könnte. Seit meiner Schwungänderung im Jahr 1980 würde die Sache für mich im weiteren Verlauf des Abschwunges allerdings etwas anders ausschauen.

Die soeben beschriebene ,,ziehende'' Kettenreaktion steigt von unten nach oben immer höher durch meinen ganzen Körper hindurch und wird dabei gleichzeitig immer stärker. Dabei entwickeln sich im Schlägerkopf progressiv ansteigende zentrifugale Kräfte.

Die Zentrifugalkraft zieht bekanntlich einen Gegenstand aus dem Zentrum der Rotation nach außen. Mit ihrem weiteren Anwachsen im Schlägerkopf wandelt die Zentrifugalkraft die auf meine Hände und Handgelenke

Beim Abschwung wird zuerst der linke Absatz wieder auf den Boden aufgesetzt. Dies löst eine von unten nach oben durch meinen Körper ansteigende Kettenreaktion aus. Das linke Knie wird nach vorn in Richtung auf das Ziel gezogen, ihm folgen das rechte Knie, die Hüften, der Körper, die Schultern, die Arme, die Hände und der Schläger

wirkenden Kräfte zuerst langsam und dann immer schneller um.

Während die Hände zu Beginn des Abschwunges nur den anderen ,,Ziehbewegungen'' folgten und den Schlägerschaft nach unten zogen, müssen sie jetzt in zunehmendem Maß auf die Zentrifugalkraft reagieren, die sich auf den Schlägerkopf auswirkt und von ihm ausgeht.

Je stärker dieser ,,Zentrifugal-Zug'' wirkt, desto mehr müssen die Handgelenke sich strecken, desto weniger aber können sie gleichzeitig den Schlägerschaft in Richtung auf das Ziel ziehen. Das heißt, daß Hände und Arme als eine Einheit in ihrer Bewegung zum Ziel allmählich langsamer werden, und zwar im gleichen Maß, wie die Geschwindigkeit des Schlägerkopfes zunimmt.

Mit dem Langsamerwerden der Hände und Arme muß auch die Zugkraft des Körpers in Richtung auf das Ziel nachlassen, da beides synchron verläuft. Wenn die Handgelenke sich dann vollständig strecken und den Schlägerkopf in den Ball hineinpeitschen, hört das zielwärts gerichtete Ziehen des Körpers fast ganz auf, damit Hände und Schlägerkopf ihn einholen können, und damit er selbst für den Schlag als feste Stütze dienen kann.

Wenn dann die Hände den Schlägerkopf durch den Ball hindurchgepeitscht haben und dieser wieder nach oben schwingt, wird er zum neuen ,,Zugmoment''. Er zieht den Körper vollständig in Richtung auf das Ziel herum und die Arme für einen vollen und freien Durchschwung hoch über den Kopf.

Wird nun all dies Ihr Golf in irgendeiner Weise verbessern? Als allgemeingültige, gefühlsmäßige Darstellung des Abschwungvorganges – *als Folge korrekter Schwungvorbereitungen und eines korrekten Aufschwunges* – sollte es jedenfalls nichts schaden.

Was Ihnen vielleicht noch mehr helfen wird – wenn Sie es bemerkt haben –, ist die Tatsache, daß ich bei diesem Versuch der mechanischen Analyse eines im Grunde reflektorischen Bewegungsablaufes keinerlei *Haltungen* erwähnt habe.

Haltungen sind im Golf bei den Schlagvorbereitungen äußerst wichtig und bleiben es bis zum Ende des Rückschwunges. Danach aber können Sie sie vergessen.

Sie können im Abschwung ja nicht in Haltungen hineinschwingen, höchstens *durch sie hindurch* – und dann ist das Schicksal dieses Schlages sowieso schon entschieden.

Stellen Sie sich also an Ihren Ball und schlagen Sie ihn mit dem Kopf Ihres Schlägers – und wenn Sie dabei überhaupt an etwas denken müssen, so höchstens an den Bewegungsablauf und nicht an die einzelnen mechanischen Elemente.

Wenn die Hände den Schlägerkopf durch den Ball hindurchpeitschen, fängt die Zugkraft des Schlägers an zu wirken – auf die Hände, die Arme und schließlich den ganzen Körper, und zwar in Richtung auf das Ziel, und am Ende dann die Hände noch einmal hoch über den Kopf hinaus in einen vollen und freien Durchschwung

8

Das Zusammenspiel von Körper und Händen

Immer wieder begegnen mir Golfer, die sich richtig an den Ball stellen, einwandfrei zurückschwingen und dennoch fast jeden Schlag durch einen fehlerhaften Abschwung ruinieren. Es sind an sich keine schlechten Spieler, und sie sind meist auch mit großem Eifer bei der Sache. Aber ich fürchte, daß gerade dieser Eifer sie in Schwierigkeiten bringt, weil sie zu viel experimentieren oder sich auf einen „Schlüsselgedanken" versteifen.

Dieses Buch dokumentiert ja nachdrücklich, daß Golf ein permanenter Lernprozeß ist. Sind Ihnen aber die wichtigsten Grundregeln erst einmal in Fleisch und Blut übergegangen, so werden Sie nur dann mehr oder weniger konstant gut spielen, wenn Sie Exzesse vermeiden, wenn Sie versuchen, im „Gleichgewicht" zu bleiben. Je mehr Sie Ihr Spiel analysieren, desto schwerer machen Sie es sich selbst, vor allem in bezug auf den Teil des Schwunges, in dem der Ball tatsächlich getroffen wird.

Lassen Sie mich Ihnen jetzt zeigen, wie sich die beiden häufigsten Abschwungfehler vermeiden lassen - Fehler, die ich auch bei mir immer wieder feststellen mußte. Während meiner halben Pro-Karriere hatte ich einen so steilen Aufschwung, daß ich Beine und Hüften im Abschwung mit aller Gewalt zum Ziel hin verlagern mußte, wenn ich den Schlägerkopf überhaupt noch auf der Linie zum Ziel und nicht von außen nach innen in den Ball hineinschwingen wollte. Obwohl das an sich automatisch erfolgte, war ich mir über diesen Bewegungsablauf meiner unteren Körperpartien doch völlig im klaren - und zwar so weitgehend, daß er zum Thema von Golf-Clinicen und Fachartikeln wurde.

Als ich dann 1980 meinen Arm- und Schulterschwung „vertiefte", war ich zunächst überhaupt nicht in der Lage, den Schlägerkopf so schnell und so voll in den Ball hineinzuschwingen, um ihn wirklich sauber treffen zu können. Schließlich dämmerte es mir, daß der neue Bewegungsablauf in der „oberen Etage" mit dem alten in der „unteren" nicht mehr synchron war.

Durch den forcierten Einsatz der Beine und Hüften zog ich den Oberkörper zu weit zum Ziel herum, bevor ich überhaupt Zeit hatte, den Schlägerkopf mit den Händen und Handgelenken voll in den Ball hineinzuschwingen. Erst der langsamere Einsatz von Beinen und Hüften und eine weitere Veränderung, auf die wir gleich kommen werden, führten dazu, daß ich den Ball wieder voll und in der Mitte treffen konnte.

In der Geschichte des Golfs wurde den Händen eigentlich immer die größte Bedeutung zugemessen. Erst in

Diese drei Bilder zeigen, daß Hände, Arme, Ober- und Unterkörper harmonisch zusammenwirken müssen, so daß alle Teile im Treffmoment im Gleichgewicht sind und keiner aus diesem geschlossenen Bewegungsablauf ausbricht

jüngster Zeit hat sich dies auf den Einsatz der Beine und des ganzen Körpers verlagert. Die Wahrheit liegt, wie so häufig, in der Mitte. Will man einen Golfball hart und sauber treffen, so müssen *alle* Teile des Körpers in ausgewogenem Einsatz zusammenwirken. Sind Ihre Beine und Ihr Körper im Abschwung aber schneller als die Handgelenke und Hände – was bei einem bewußten, starken Einsatz leicht passieren kann –, so wird der Schlägerkopf zu spät an den Ball kommen. Das kostet einmal Länge, weil der Schlägerkopf zu steil oder schräg auf den Ball auftrifft, und es kostet Richtung, weil die Schlagfläche im Zweifel aufgedreht sein wird. Ist die untere Körperhälfte dagegen im Verhältnis zum Einsatz der Handgelenke und Hände zu langsam; so werden Sie den Ball fett treffen, weil der Schlägerkopf zu flach schwingt, und er wird auch schief sein, weil Sie die Schlagfläche zu schnell zugedreht haben.

Hüten Sie sich also davor, irgendeinen Teil des gesamten Bewegungsablaufes zu übertreiben, nur weil ein paar spitzfindige Theoretiker ihn herausgestellt haben.

Konzentrieren Sie sich auf Ihren persönlichen Schwung, erkennen Sie Ursachen und Wirkungen, halten Sie sich an die Grundregeln und bemühen Sie sich um einen geschlossenen, *ausgewogenen* Bewegungsablauf.

Was heißt ,,over the top" – und was ist seine Ursache?

Wie alle anderen Sportarten so hat auch Golf sein eigenes Fach-Chinesisch. Ein Ausdruck, den Sie im Gespräch mit guten Spielern oder den Kommentatoren von Turnierberichten häufig hören, lautet ,,over the top" – im Zusammenhang mit ,,den Ball hat er in den Kakao gehauen, weil er over the top geschwungen hat".

Was aber *tut* der Golfer nun tatsächlich bei diesem offenbar unerwünschten Bewegungsablauf, und was passiert dadurch? Ich fürchte, daß so mancher Spieler darüber gar keine klaren Vorstellungen hat, zumindest nicht so klar, wie er an sich vielleicht möchte und sicherlich sollte. Ich will versuchen, den Schleier dieses Geheimnisses zu lüften.

Ein Golfer schwingt, kurz gesagt, ,,over the top", wenn aus irgendeinem Grund *seine Arme und die rechte Schulter beim Abschwung näher an der Linie zum Ziel sind, als sie es beim Aufschwung waren.*

Sie können das am besten erkennen, wenn Sie sich auf der Linie zum Ziel direkt hinter einen guten und einen schlechteren Spieler stellen.

Beim guten Spieler bleiben die Schultern in der ersten Phase des Abschwunges weit genug innerhalb der Linie zum Ziel, so daß die Arme den Schläger entweder auf der Bahn des Aufschwunges oder etwas innerhalb von ihr *nach unten* schwingen können. Vor allem die Hände und ihre Stellung im Verhältnis zur rechten Schulter sind dabei zu beachten. Je mehr sie auseinandergehen, je schneller zwischen Händen und rechter Schulter eine Lücke entsteht und sich vergrößert, desto besser ist der Abschwung dieses Spielers.

Wie aber schaut es aus, wenn man ,,over the top" schwingt?
Bei diesem Spieler drehen sich die Schultern unmittelbar nach dem Einsetzen des Abschwunges in Richtung auf das Ziel. Daraufhin müssen seine Arme relativ hoch bleiben und eher um ihn *herum-* als nach unten und an seinem Körper vorbeischwingen, und ihre Abschwungbahn liegt *außerhalb* der Bahn des Aufschwunges. Schauen Sie dann auch bei diesem Spieler auf die Hände und die rechte Schulter. Im Gegensatz zum guten Spieler werden sie sich nur langsam und auch nicht deutlich trennen. Das aber ist ein sicheres Anzeichen dafür, daß dieser Spieler ,,over the top" geschwungen hat. Derart ausgeprägt, gibt dieser Schlagfehler dem Spieler ein ausgesprochen schlechtes Gefühl und dem Zuschauer ein häßliches Bild. Der negative Einfluß auf den Flug des Balles aber ist gleich dreifach.

Erstens: Im over the top-Schwung kommt der Schlägerkopf von außen, quer über die Linie zum Ziel, an den Ball, und es ergibt sich je nach Ausrichtung der Schlagfläche ein Pull oder ein Slice. Zweitens: Der Schlägerkopf kommt zu steil von oben an den Ball, und er wird entweder getoppt, zu fett getroffen oder – wenn er aufgeteet war – kurz und hoch in die Luft geschlagen. Drittens: Wird dieser Fehler zur Gewohnheit, so kann der Schlägerkopf nicht mehr voll in den Ball hineinschwingen, er wird langsamer, und der Ball wird kürzer.

Nach meinen Beobachtungen in Pro-Am-Turnieren würde ich schätzen, daß 90% aller Amateure bei 90% ihrer vollen Schläge bis zu einem gewissen Grad over the top schwingen und sich trotz der erkennbar üblen Folgen erstaunlicherweise nicht um eine Abstellung dieses Fehlers bemühen.

Beim Standard dieser Spieler liegt der Grund fast ausschließlich in schlechten Schwungvorbereitungen und in einem fehlerhaften Aufschwung.

Wie sagte doch der große Wissenschaftler Sir Isaac Newton vor langer Zeit: ,,Aktion und Reaktion sind gleich und entgegengesetzt." Das over the top-Schwingen ist für den Spieler mit hohem Handicap meistens eine unwiderstehliche, unbewußte Reaktion auf einen schlechten Griff, ein miserables Ausrichten oder eine falsche Stellung am Ball.

Aber auch sehr gute Golfer schwingen manchmal „over the top", vor allem, wenn es in einem großen Spiel um die Wurst geht. Wieso kann es aber auch dem sehr guten Spieler passieren?

Ist der Schwungablauf bei einem Spieler bis zum Ende des Aufschwunges in Ordnung, so schaue ich mir genau an, wie er den Schlägerkopf in den Ball hinein- und durch ihn hindurchschwingt. Sein Problem besteht nämlich häufig darin, daß er mit Händen und Handgelenken zu fest und zu lange am Schläger „hängt", daß er versucht, den Ball mit dem Körper zu *steuern,* anstatt ihn mit dem Gewicht (Schlägerkopf) am Ende des Schaftes zu *schlagen.*

Das wirkt sich vor allem dann aus, wenn der Spieler aus irgendeinem Grund das Vertrauen zu seinem Schwung verloren hat oder unter starkem Druck spielt – oder beides. Dann denkt er zu bewußt an einzelne Haltungen im Schwung, an das angestrebte Ziel des Schlages oder beides und vergißt dabei, den *Schlägerkopf in den Ball hineinzuschwingen.* Er versucht, kurz gesagt, den Ball mit Hilfe seines Körpers an den Zielpunkt zu „plazieren", anstatt sich darauf zu konzentrieren, ihn mit dem Schlägerkopf dorthin zu schlagen.

Wenn Sie sich selbst davon überzeugen wollen, wie sehr der schwache Einsatz von Handgelenken und Händen zu einem Schwung over the top führen kann, so versuchen Sie einmal das folgende Experiment: Nehmen Sie einen Schläger, und machen Sie einen regulären Rückschwung. Packen Sie den Schläger dann am Ende des Rückschwunges ganz bewußt so fest, daß Ihre Handgelenke und Unterarme praktisch blockiert werden, und versuchen Sie nun, den Schläger wiederum ganz normal nach unten in den Ball hineinzuschwingen.

Sie werden sehen, daß sich Ihr Körper wie immer leicht zum Ziel hin zurückdreht. Sie werden aber auch feststellen, daß Ihre Arme, anstatt den Schläger nach unten und durch den Ball hindurchzuschwingen, jetzt gezwungen sind, den Schläger nach *außen* und *herumzuschwingen,* wobei der Schläger hoch in der Luft bleibt. Je fester Sie mit den Händen zupacken und Ihre Handgelenke blockieren, desto höher, mehr nach außen und über die Schultern und Arme wird der Schläger schwingen, während Ihr Körper sich dem Ziel zudreht.

Ein solches Experiment hat natürlich eine übertriebene Wirkung; in geringerem Umfang ist es aber genau diese over the top-Bewegung, die sich einstellt, wenn ein an sich guter Spieler zu sehr an seinem Schläger „klebt". Die Methode mag bestens geeignet sein, um einen in der Luft befindlichen Gegenstand zu treffen, wie einen „sinker" im Baseball oder einen Low Return im Tennis. Einen Golfball auf diese Weise wirklich sauber zu treffen, dürfte aber äußerst schwierig sein.

Um ein over the top-Schwingen zu vermeiden, sollten die Schultern im ersten Teil des Abschwunges so lange zurückbleiben, daß die Arme und Hände den Schläger innerhalb oder zumindest auf der Aufschwungbahn herunterschwingen können. Ein gutes Anzeichen für einen korrekten Schwung ist, wie Sie auf den Bildern sehen, die zu Beginn des Abschwunges schnell erscheinende Lücke zwischen den Händen und der rechten Schulter, die sich bis zum Treffmoment noch erheblich erweitert, während die Arme und die rechte Schulter innerhalb der Bahn des Aufschwunges bleiben. So schwingen Hände und Arme unabhängig von den Schultern den Schlägerkopf von innen in den Ball hinein

Fünf Tips für einen vollen Durchschwung

Obwohl ich dank der Hilfe von Jack Grout seit meiner Kindheit den Schlägerkopf voll zur Wirkung kommen lassen kann, stellte ich bald nach meiner Schwungveränderung Anfang 1980 fest, daß ich zu lange am Schläger „hängen" blieb. Das Problem war zuerst mehr physischer Natur und wurde dann mehr und mehr zu einem psychologischen.

Wie ich schon mehrfach erwähnt habe, war ich à conto meines zu steilen Aufschwunges physisch nicht mehr in der Lage, den Schlägerkopf voll durch den Ball hindurchzuschwingen. So sehr ich mich auch bemühte, so war da doch immer im Treffmoment ein leichtes unfreiwilliges Abblocken durch die Handgelenke und Hände, weil mein Körper einem freien, ungehinderten Bewegungsablauf im Weg war.

Aber selbst als ich das Problem der Schwungbahn endlich gelöst hatte, war es immer noch längere Zeit verteufelt schwer, früh genug zuzuschlagen, um den Ball wirklich voll zu treffen.

Es gelang mir zwar, mit den Armen und Schultern „tiefer" zurückzuschwingen, beim Abschwung aber kamen sie in der klassischen „over the top-Manier" wieder von außen herum, bevor ich den Schlägerkopf an den Ball bringen konnte.

Der Grund lag natürlich darin, daß der tief verwurzelte physische „Block" jetzt zu einem psychischen Block geführt hatte.

Eigene innere Aufmunterung baute diesen psychischen Block dann schließlich ab. An einem ganz schlimmen Tag entschloß ich mich, mal an gar nichts mehr zu denken und einfach auf den Ball zu schlagen. „Es macht dir ja schon gar keinen Spaß mehr", sagte ich mir selbst, „und das soll es doch nun wirklich. Als junger Mann hast du doch auch einfach zugeschlagen und dann irgendwie die richtige Methode gefunden. Danach hat es dir richtig Spaß gemacht. Also mach es entweder wieder so oder höre ganz auf!"

Diese innere Einstellung brachte mich dann endlich dazu, den Schlägerkopf wieder mit aller Kraft in den Ball hineinzuschwingen und den Muskeln wieder ein freies Spiel zu ermöglichen. Bei der Feinarbeit in den nachfolgenden Wochen halfen dann zwei spezifische Schwung-Konzepte und drei praktische Übungen.

Konzentrieren Sie sich darauf, den Schlägerkopf mit aller Kraft in den Ball hineinzuschwingen. Sie geben dadurch den Muskeln freies Spiel, bekommen einen vollen Durchschwung und verhindern ein „Blockieren" der Rotation der Arme und des Streckens der Handgelenke

Die Vorstellung, „den Kreis wieder zu schließen" – das heißt, linken Arm und Schlägerschaft im Treffmoment in die gleiche Lage zurückzuschwingen, die sie beim Ansprechen des Balles hatten –, ist für einen vollen Durchschwung äußerst nützlich

1. Denken Sie daran, den „Kreis zu schließen“

Als erste und wahrscheinlich wichtigste Vorstellung prägte ich mir bei der Veränderung meines Schwunges 1980 ein, „den Kreis wieder zu schließen“, um dadurch im Treffmoment voll in den Ball hinein- und durch ihn hindurchschwingen zu können.

Wenn gute Spieler sich für einen vollen Schlag an den Ball stellen, so wird man in der Mehrzahl der Fälle erkennen, daß so ziemlich bei jedem Schläger, außer dem Putter, von der linken Schulter über den linken Arm und Schläger eine gerade Linie zum Ball verläuft. Das ergibt je nach der Länge des betreffenden Schlägers einen ganz bestimmten Schwungradius. Wenn nun die Handgelenke dieses Spielers sich nicht abwinkeln und der linke Arm sich irgendwann im Schwung beugen würden, so müßte dieser Radius im Auf- und Abschwung gleich sein. Die Schwungbahn des Schlägerkopfes würde dann einen vollen Kreis beschreiben und der Schlägerkopf auf der optimalen Bahn voll durch den Ball hindurchschwingen.

Wir sind nun aber leider nicht so gebaut, daß wir dem Schlägerkopf höchste Geschwindigkeit verleihen können, *ohne* dabei unsere Handgelenke abzuwinkeln. Ob das nun früher oder später im Schwung, ob es mehr oder weniger stark erfolgt - die Handgelenke *müssen* sich im Rückschwung abwinkeln und im Abschwung wieder strecken, wenn der Ball richtig und voll getroffen werden soll. Wir haben es also wieder einmal mit etwas „Geometrie“ zu tun.

Sobald die Handgelenke sich im Rückschwung abwinkeln, verringert sich zwangsläufig der Radius des Schwungbogens des Schlägerkopfes. Wenn wir den Ball aber voll treffen wollen, müssen wir diesen Prozeß im Abschwung umkehren, das heißt die Handgelenke wieder strecken, um dadurch den vollen Schwungradius wiederherzustellen.

Ob ein Golfer diesen Radius wiederhergestellt hat oder nicht, läßt sich daraus ersehen, inwieweit bei ihm im Treffmoment linker Arm und Schlägerschaft wieder eine gerade Linie bilden.

Hinkt der Schaft aber hinter dem linken Arm her, so wird der Ball zu „spät“ getroffen, weil das Strecken der Handgelenke - ihre „Freigabe“ - nur ungenügend erfolgte. Bleibt dagegen der Arm im Treffmoment hinter dem Schläger zurück, so spricht man von einem zu „früh“ getroffenen Ball, weil das Strecken der Handgelenke, ihre Freigabe, zu früh erfolgte.

Die Vorstellung, „den Kreis zu schließen“, hat mir im Jahr 1980 in vielfacher Hinsicht geholfen. Der beim Ansprechen des Balles festgelegte Radius wird durch ein übermäßiges Beugen und Senken der Schultern im Rückschwung natürlich verringert. Diese Erkenntnis brachte mich dazu, beim Ansprechen „aufrechter“ zu stehen und diese Höhe mit Kopf, Schultern und Hüften auch beizubehalten. Dadurch wurde mein Rückschwung flacher und der Schwung der Arme tiefer. Außerdem warf ich nun meine Beine und Hüften nicht mehr so heftig in den Schlag, so daß die Hände und Handgelenke mit dem Körper Schritt halten konnten. Die wichtigste Veränderung bestand darin, daß ich den Schlägerkopf vom Beginn des Abschwunges an in optimaler Weise voll einsetzen und in den Ball hineinschwingen konnte.

Nach korrekten Schwungvorbereitungen und einem ebensolchen Rückschwung ist es meiner Meinung nach fast unmöglich, den Schlägerkopf mit Händen und Handgelenken *zu frei* und *zu voll* in den Ball hineinzuschwingen, vorausgesetzt, daß der Spieler zu Beginn des Abschwunges sein Gewicht sofort auf die linke Seite verlagert. Aus der Vorstellung heraus, „den Kreis bis zum Treffmoment wieder zu schließen“, ist mir dies alles schließlich auch wieder gelungen.

2. Halten Sie die Schultern bis zuletzt zurück!

Als wir über das „over the top-Schwingen“ sprachen, sahen wir, daß der Schlag schlecht werden muß, wenn Arme und rechte Schulter im Abschwung nach oben und außen und damit näher an die Linie zum Ziel schwingen, anstatt nach unten, unter dem Kopf hindurch, in der gleichen Bahn, in der sie hochgeschwungen wurden.

Eine falsche Stellung am Ball und/oder ein fehlerhafter Einsatz der unteren Körperpartien führen beim schwächeren Spieler dazu, daß er zu Beginn des Abschwunges als erstes seinen Oberkörper herum- und in den Schlag wirft. Er merkt dann aber, daß dieser over the top-Schwung den Schlägerkopf zu steil und von außen an den Ball bringt und versucht instinktiv, den Schwung zurückzuhalten, indem er den Schläger fester faßt oder die Schultern noch mehr herumdreht oder zurückfällt. Man nennt es „fire and fall back“.

Kurz gesagt, dieser Spieler schlägt nicht voll zu, weil er gar nicht voll zuschlagen kann, da sein zu früh in den Schlag kommender Körper seine Arme und Hände so weit aus der richtigen Bahn bringt, daß er auch bei größtem Bemühen nicht korrekt in den Ball hineinschwingen kann.

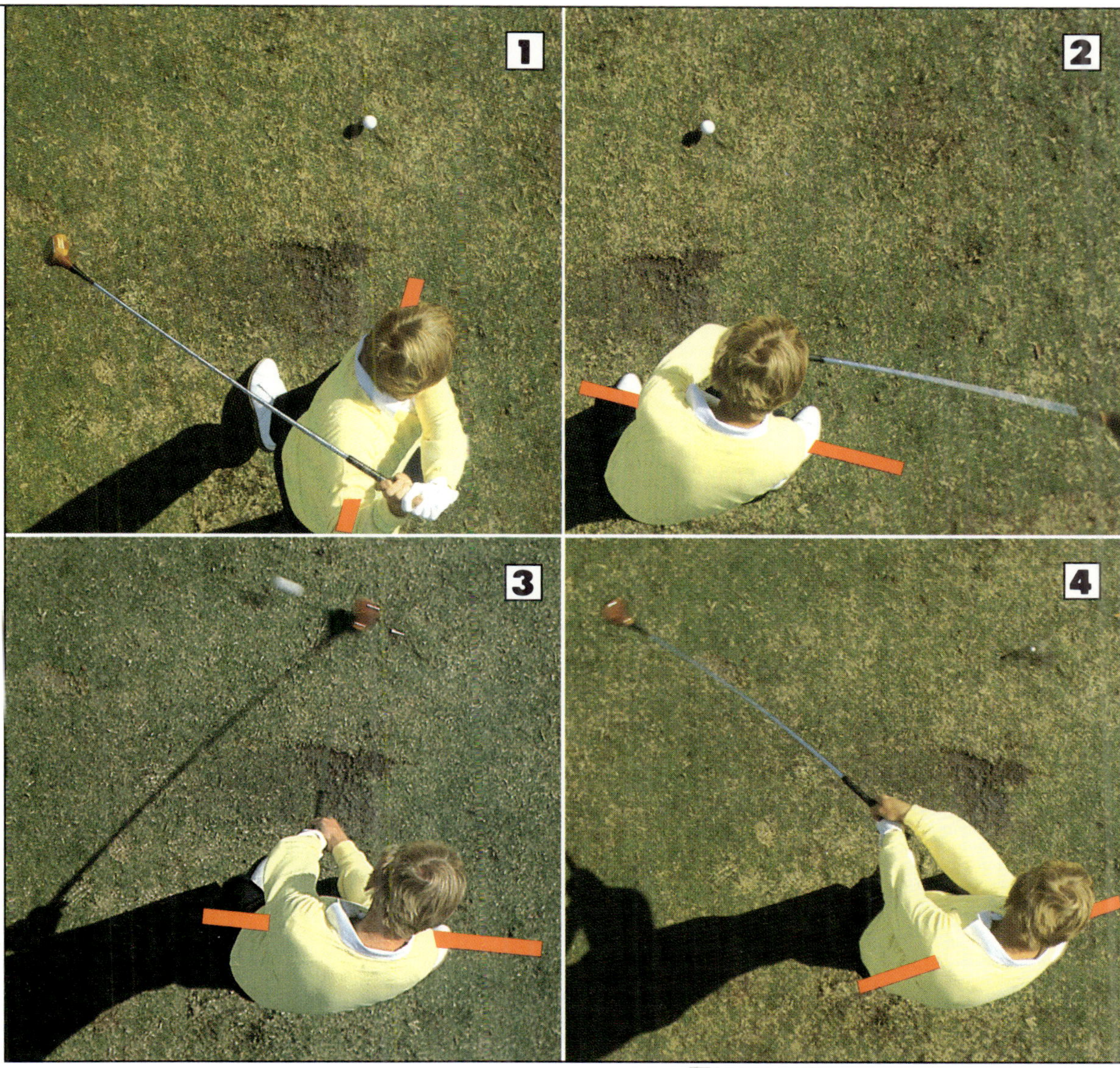

Wichtig war für mich immer die Vorstellung: „Halte die Schultern bis zuletzt zurück“, das heißt, die Schultern möglichst lange in der Stellung am Ende des Rückschwunges zu belassen, während der Abschwung bereits von den Füßen an, von unten nach oben, einsetzt. Ich stelle mir vor, daß eine Eisenstange durch meine Schultern verläuft und versuche nun, den Schlägerkopf in den Ball hinein- und durch ihn hindurchzuschwingen, bevor diese Eisenstange und meine Schultern sich über die Parallellinie zur Linie zum Ziel hinausdrehen. Achten Sie bei dem vierten Bild darauf, daß meine Schultern nur leicht über diese Parallellinie hinausgedreht sind, obwohl ich den Schläger schon voll durchschwinge. Wenn Sie die Eisenstange so lange wie möglich zurückhalten, so werden Sie Ihren Ball sehr viel eher „auf der Linie zum Ziel“ treffen. Der chronische „over the top-Spieler“ wird sich zu diesem Zurückhalten der Schultern allerdings richtig zwingen müssen

Viele dieser Spieler könnten aus einer anderen Vorstellung Nutzen ziehen, die mir 1980 half, den Schlägerkopf freier in den Ball hineinzuschwingen und auf die ich auf dem Übungsplatz heute noch zurückgreife. Sie ist ganz einfach, kann aber nach guten Schwungvorbereitungen und einem brauchbaren Rückschwung trotzdem recht wirkungsvoll sein. Sie betrifft wieder einmal die „Schwung-Geometrie" und den Bewegungsablauf.

Wenn Sie Ihren Ball ansprechen, dann erkennen und beachten Sie hoffentlich sehr genau die direkte Ball/Ziel-Linie und ziehen im Idealfall diese Linie in Ihrer Vorstellung richtig nach. Wollen Sie Ihren Ball gerade zum Ziel schlagen, so richten Sie Ihre Schultern beim Ansprechen des Balles hoffentlich parallel zur Linie zum Ziel aus.

Sobald Sie Ihre Schultern parallel zu ihr ausgerichtet haben, sollten Sie die Linie zum Ziel für den Augenblick mal vergessen und sich ausschließlich auf die gedachte Linie durch Ihre Schultern konzentrieren. Sie können in Ihrer Vorstellung so weit gehen, daß eine feste Eisenstange quer durch Ihre Schultern läuft und an beiden Seiten herausschaut.

Versuchen Sie nun sich vorzustellen, daß diese Eisenstange sich beim Schwung mit Ihren Schultern dreht. Am Ende des Rückschwunges sollte sie sich im Vergleich zur Stellung beim Ansprechen des Balles um mindestens 90 Grad gedreht haben - vielleicht sogar etwas mehr.

Und jetzt kommt der wichtigste Teil dieses Gedankenspiels. Wenn Sie nun mit dem Abschwung beginnen - natürlich von den Füßen an aufwärts -, so versuchen Sie, die Eisenstange *solange wie möglich in ihrer Stellung am Ende des Rückschwunges zu belassen.*

Sind Sie ein chronischer „over the top-Spieler", so werden Sie Ihre Schultern direkt mit Gewalt zurückhalten müssen, während die Knie und Hüften sich zum Ziel drehen und die Arme den Schläger nach unten schwingen. Das wird am Anfang ziemlich mühsam sein. Deshalb wäre es wahrscheinlich ratsam, es erst einmal im Zeitlupentempo und ohne Ball zu versuchen, vielleicht sogar überhaupt nicht auf dem Golfplatz.

Haben Sie das Gefühl, den Ablauf einigermaßen zu beherrschen, so schlagen Sie mit einem mittleren Eisen ein paar leichte, aufgeteete Bälle und versuchen dabei, den Unterschied zwischen dem früheren und dem jetzigen Bewegungsablauf zu erkennen.

Beim früheren Ablauf hätten Ihre Schultern sich als erste in den Schlag gedreht und hätten dadurch Ihre Arme, Hüften und Beine zum Ziel hin *gedrängt.* Jetzt, da Sie die Eisenstange und die Schultern bis zuletzt zurückhalten, werden es die Beine sein, die alles zum Ziel hin *ziehen* - zuerst die Hüften, dann die Arme und schließlich die Schultern mit der Eisenstange.

Prägen Sie sich dieses Gefühl des *Ziehens* gut ein, wobei die Eisenstange immer zuletzt kommt und die Arme nach *unten* schwingen. Sie werden Ihre Bälle dann ganz sicher sehr viel besser treffen, und es wird Ihnen auch leichter fallen, aus einem flacheren Rückschwung heraus voll in den Ball hineinzuschlagen.

Versuchen Sie also, bei jedem Schlag das Gefühl zu realisieren, daß der Schlägerkopf auf den Ball trifft, *bevor die Schultern sich über die Parallele zur Linie zum Ziel hinausdrehen.*

Und wenn das noch nicht ausreicht, so können Sie sich anstelle der Eisenstange eine Handgranate vorstellen, die losgeht, wenn sie nach links vom Ziel zeigt, bevor sie richtig abgezogen wurde. Der Abzugshahn ist in diesem Fall die Schlagfläche, und der Hahn selbst ist der Ball.

3. Heben Sie die linke Ferse an

Das Hauptziel aller meiner Übungsstunden für den vollen Schwung war es seit 1980, den Schlägerkopf voll durch den Ball hindurchzuschwingen. Dazu dienten mir drei verschiedene Übungsprogramme:

Beim ersten müssen wir wieder einmal von Ursache und Wirkung ausgehen. Je weniger ein Golfer im Rückschwung seine linke Ferse anhebt, desto mehr muß die linke Hüfte sich senken und die rechte sich heben, und zwar als Reaktion auf den Zug der Arme und Schultern beim Aufdrehen. Je mehr aber die Hüften sich im Rückschwung senken und je ruckartiger sie sich bewegen, desto mehr werden sie im Abschwung dann in der gleichen Weise reagieren. Und je mehr die Hüften im Abschwung nach vorn kippen, desto schwerer ist es für sie, sich zum Ziel hin zu drehen. Je weniger leicht die Hüften sich zum Ziel hin drehen können, desto weniger Platz haben die Arme, um frei am Körper vorbeizuschwingen, desto mehr ist dieser Spieler „sich selbst im Weg". Je mehr aber ein sonst guter Golfer sich im Abschwung „selbst im Weg ist", desto länger wird er an seinem Schläger „hängen", um dadurch zu verhindern, daß sein Oberkörper sich nach außen dreht und er „over the top schwingt". Je länger und fester der gute Golfer mit Händen und Handgelenken an seinem Schläger „hängt", desto schwerer wird es für ihn, den Schlägerkopf frei in den Ball hineinzuschwingen.

Wenn ich den linken Absatz proportional zur Schulterdrehung klar vom Boden abhebe, so können die Hüften sich ungehindert aufdrehen, ich „gehe mir selbst aus dem Weg", und meine Arme können frei am Körper vorbeischwingen. Dadurch aber können dann Hände und Arme den Schläger voll in den Ball hinein- und durch ihn hindurchschwingen

Oder im Telegrammstil: Fersen am Boden - Hüften gesenkt - Arme blockiert - Hände und Handgelenke zurückgehalten - Schlag kurz und schlecht.

Genau diese Fehler werden schwache Spieler manchmal machen. Auf die Erkenntnis hin, ,,sich selbst im Weg zu sein'', werden sie aber häufig noch anders reagieren. Ihr linker Arm knickt zusammen, sie fallen auf ihren rechten Fuß zurück, oder sie *schnippen* den Schlägerkopf in einer *schubsenden* Bewegung nach dem Ball - oder sie machen alle drei Fehler zusammen. Das Ergebnis ist in jedem Fall katastrophal.

Die gerade beschriebene Kettenreaktion beim guten Spieler war bei mir vor meiner Schwungveränderung zu einem wahren Alptraum geworden, weil mein Schwung zu steil war und auch, weil ich, außer bei den längsten Schlägern, den linken Absatz nicht genügend vom Boden abhob. Seit der Schwungveränderung arbeite ich auf dem Übungsplatz immer wieder daran, den linken Hakken beim Rückschwung im richtigen Verhältnis zur Schulterdrehung ganz bewußt vom Boden abzuheben.

Dadurch verhindere ich weitgehend ein Absinken und ruckartiges Drehen der Hüften, die jetzt viel leichter rotieren können und damit den Armen Platz machen, frei am Körper vorbeizuschwingen, und es den Händen und Handgelenken ermöglichen, den Schläger voll in den Ball hineinzuschwingen.

Sollten Sie auch das Gefühl haben, im unteren Teil des Körpers irgendwie ,,blockiert'' oder ,,sich selbst im Weg'' zu sein, so wäre ein etwas stärkeres Anheben der linken Ferse vielleicht keine schlechte Idee.

4. Halten Sie die rechte Ferse am Boden

Als es früher noch mein Ziel war, jeden nur möglichen Zentimeter Länge aus meinem Drive herauszuquetschen, hatte ich immer wieder das Problem, daß die Füße und Hüften den Handgelenken und Händen im Schlag weit voraus waren. Der Schlägerkopf kam dadurch zu spät an den Ball, der Kreis wurde nicht mehr richtig geschlossen, und der Schlag selbst ging mehr als einmal daneben.

Eines Tages kam dann von Jack Grout die klare Anweisung: ,,Junger Freund, in den nächsten zwei Wochen - oder im Notfall auch zwei Monaten - möchte ich es nicht erleben, daß du den rechten Hacken vom Boden abhebst, bevor der Ball in der Luft ist. Setz deine Fußgelenke ruhig ein, aber halte den rechten Hacken unten, bei jedem Schlag, koste es, was es wolle. Das wird anfangs recht schwer sein; aber es zwingt dich dazu, den Ball mit dem Schlägerkopf und nicht mit dem ganzen Körper zu schlagen.''

Wenn ich mich recht erinnere, so stammt diese Idee im Original von dem großen alten Lehrer Alex Morrison. Dieser Rat wirkte sich bei mir so segensreich aus, daß ich fast zwei Jahre lang den rechten Hacken tatsächlich so lange am Boden ließ, bis der Ball in der Luft war.

Wollen Sie das auch ausprobieren, so würde ich empfehlen, es mit einem kurzen, aufgeteeten Eisen zu versuchen. Achten Sie darauf, daß das rechte Knie am Ende des Rückschwunges entspannt ist, daß die Fußgelenke im Abschwung richtig arbeiten, und haben Sie beim Übergang zu den längeren Schlägern vor allem Geduld.

Dadurch, daß Sie die rechte Ferse bewußt länger am Boden halten, wird sich Ihr Körper nicht ganz so schnell zum Ziel hin drehen; Ihre Arme müssen mehr nach *unten* schwingen und können nicht so leicht rotieren, die Handgelenke werden sich schneller wieder strecken und den Schlägerkopf früher an den Ball bringen.

Diese Übung verhilft einem aber nicht nur dazu, wieder voll in den Ball hineinzuschwingen. Wird die rechte Ferse im Abschwung zu schnell angehoben, so wird das rechte Knie nach vorn geworfen, die rechte Hüfte nach vorn gezogen, die rechte Schulter nach außen und herumgezogen und der ganze Körper zu früh und zu schnell in den Schlag gedreht.

Bleibt der rechte Hacken aber länger am Boden, so verlagern sich die Knie richtig zum Ziel, und damit kommt dann alles übrige weiter oben richtig von innen heraus an den Ball.

Die ,,Hacken-am-Boden-Übung'' hilft also denen, die ,,over the top'' schwingen und die nicht voll in den Ball hineinschlagen können.

Der Rat von Jack Grout, den rechten Hacken am Boden zu lassen, half mir, den Einsatz der Beine und Hüften im Abschwung zu verlangsamen, so daß die Hände und Handgelenke nicht den Anschluß verlieren. Diese Übung fördert nicht nur einen vollen Durchschwung; das Zurückhalten des rechten Knies und der rechten Hüfte verhindert auch ein ,,over the top-Schwingen''

5. Lassen Sie linken Arm und linke Seite zusammenwirken

Die dritte Übung für einen vollen Einsatz des Schlägerkopfes stellt eine totale Umkehr meines Konzepts von vor 1980 über die Art und Weise dar, wie man durch einen Golfball richtig hindurchschlagen sollte.

Die äußerste Streckung der Arme im Durchschwung zum Ziel war für mich immer ein Beweis dafür, den Schlägerkopf optimal beschleunigt zu haben. Ich setzte alles daran, den Ball mit meinen Armen richtig zu ,,jagen''. Dieses bewußt starke Strecken der Arme im Durchschwung habe ich damals natürlich auch in Büchern und Fachartikeln wärmstens empfohlen.

Nun, heute weiß ich, daß es anders ist. Je weiter ich die Arme im Durchschwung zum Ziel hin strecke, desto größer ist die Wahrscheinlichkeit, daß der Schlägerkopf zu spät an den Ball gekommen ist.

Warum?

Wir sprachen schon davon, daß ein zu steiler Aufschwung den Spieler dazu zwingt, zu Beginn des Abschwunges seine Beine und Hüften bewußt in den Schlag zu bringen, um mit dem Schlägerkopf an den Ball zu kommen, bevor er auf seiner Schwungbahn über die Linie zum Ziel hinausgeht. Je heftiger aber der Einsatz dieser unteren Körperpartien erfolgt, desto stärker ist der Zug an den Armen dieses Spielers. Je stärker aber dieser Zug an den Armen ist, desto mehr wird der Spieler das Gefühl haben, den Schlägerkopf *nur aus den Armen* zu beschleunigen und nicht durch das Strecken der Handgelenke und den Einsatz der Hände.

Genauso sah es bei mir in den 70er Jahren aus. Das wurde erst anders, als ich Anfang 1980 meinen Rückschwung tiefer legte und einsah, daß der bisherige aggressive Einsatz von Beinen und Hüften nur dazu führte, daß mein Schlägerkopf zu ,,spät'' an den Ball kam. Ich verlangsamte die Aktionen der unteren Körperpartien, und je mehr ich das tat, desto weniger hatte ich das Gefühl, den Schläger hauptsächlich mit den Armen zu beschleunigen, und desto mehr wurde mir bewußt, daß vor allem die Hände und Handgelenke den Schlägerkopf durch den Ball hindurchpeitschen. Mit der ,,Umkehr'' meiner Vorstellungen und meines Konzeptes wurde mir auch langsam klar, daß die Handgelenke sich nur dann wieder vollständig strecken, den ,,Kreis wieder schließen'' und im Treffmoment voll zur Wirkung kommen können, wenn die Arme irgendwann im Abschwung effektiv *langsamer werden.*

Aus dieser Erkenntnis heraus und mit Hilfe von Jack Grout und Phil Rogers entstand dann die Übung, die ich heute regelmäßig anwende, wenn ich meinen vollen Durchschwung wieder aufpolieren will. Es ist nichts anderes als ein schnelles, reflexives Strecken der Handgelenke im richtigen Moment während des Abschwunges, wobei die Geschwindigkeit der Arme der langsameren Drehung des Körpers zum Ziel hin angepaßt wird.

Im einzelnen läuft das dann so ab:

Infolge der flacheren Schwungbahn von Armen und Schultern ist der linke Oberarm am Ende des Rückschwunges jetzt eng an der linken Brustseite – und nicht mehr weit getrennt von ihr wie bei dem früheren steilen Rückschwung. Je mehr ich früher die Arme im Durchschwung zum Ziel hin streckte, desto mehr trennte sich der linke Oberarm von der linken Brustseite.

Jetzt bemühe ich mich, diese beiden Segmente im Abschwung eng zusammenwirken zu lassen – das heißt, den linken Oberarm eng an der linken Brustseite zu halten –, und zwar vom Ende des Rückschwunges an, so weit in den Durchschwung hinein, wie der Zug des Schlägerkopfes es zuläßt.

In der Endphase des Durchschwunges müssen die beiden sich wieder trennen, wie das Foto auf Seite 120 zeigt. Das wird um so schneller erfolgen, je länger der Schläger ist, weil die Zugkraft des Schlägerkopfes dann entsprechend größer ist. Mein Ziel ist es aber, die Verbindung so lange wie möglich zu erhalten, ohne dadurch den Durchschwung mit Gewalt zu beschränken.

Um das zu erreichen, muß ich die Ellbogen unmittelbar nach dem Treffmoment schneller abbiegen als früher und die rechte Hand ebenfalls schneller über die linke rollen lassen, als es bisher der Fall war. Das aber ist, zumindest für mich, nur dann möglich, wenn ich von dem Augenblick an, in dem ich beim Abschwung mein Gewicht nach links verlagere, den Schlägerkopf mit Händen und Handgelenken voll in den Ball hineinschwinge.

Diese Übung gibt mir jetzt das Gefühl, den Schlägerkopf in einem flachen oder „niedrigen" Bogen in den Ball hinein- und durch ihn hindurchzuschwingen, wobei der Schlägerkopf nach dem Treffmoment im Durchschwung relativ schnell wieder ansteigt. Viel zu lange mußte ich vor 1980 genau das Gegenteil bekämpfen; das heißt, daß mein Schlägerkopf steil von oben in den Ball

Eine weitere Methode, Ober- und Unterkörper im Abschwung synchron zusammenwirken zu lassen, besteht darin, den linken Arm eng an der linken Brustseite zu halten. Das frühere Auseinanderstreben dieser beiden Segmente kann ich jetzt verhindern und die rechte Hand schneller über die linke rollen lassen. Das ergibt einen wesentlich besseren Durchschwung

hinein- und dann zu flach durch ihn hindurchgeschwungen wurde. Der flachere Ab- und höhere Durchschwung geben mir jedenfalls das Gefühl, den Ball leichter und wirkungsvoller schlagen zu können.

Abgesehen vom optimalen Einsatz des Schlägerkopfes, hat diese Übung noch weitere gute Seiten.

Erstens: Der Schlägerkopf schwingt schneller nach innerhalb der Linie zum Ziel, seine Spitze dreht sich schneller nach oben, der Durchschwung wird damit mehr ein Abbild des flacheren Rückschwunges, und die Schlagfläche kommt square an den Ball.

Zweitens: Ich stehe im Durchschwung etwas aufrechter und weniger wie ein umgekehrtes „C“. Mein ganzer Körper ist zum Ziel hin gedreht, ist im Gleichgewicht, und die Lendenwirbel werden weniger strapaziert.

Drittens: Das wichtigste Ergebnis sehe ich darin, daß diese Übung mir das Gefühl gibt, den Schlägerkopf voll durch den Ball hindurchzuschwingen und den linken Arm und den Schlägerschaft voll durch den Ball hindurchzustrecken - besser, als es mir in den zurückliegenden 34 Jahren je gelungen ist.

Wenn Sie dieses Gefühl nie gehabt oder es womöglich wieder verloren haben, so gibt Ihnen diese Übung die Chance, Ihr Golf neu zu entdecken.

Das bewußte Bemühen um ein enges Zusammenwirken von linkem Arm und linker Seite gibt mir das Gefühl, flacher zurück- und höher durchzuschwingen und den Ball ganz allgemein leichter und wirkungsvoller schlagen zu können

Nach dem Treffen des Balles

Wissenschaftler haben herausgefunden, daß beim Drive eines kräftigen Golfers der Kontakt zwischen Schlagfläche und Ball etwa 1/2000 sec dauert. Sie sagen ferner, daß es etwa 1/10000 sec dauert, bis das Gefühl des Zusammentreffens den Schaft hinauf durch Hände und Arme des Spielers bis in sein Gehirn gelangt und dann etwa 1/5 sec, bis das Gefühl vom Gehirn wieder zurück zu den Händen gelangt. Zu diesem Zeitpunkt ist der Ball schon ca. 15 m weit geflogen.

Ich gebe Ihnen diese Zahlen nur, um die Nutzlosigkeit des Versuches zu demonstrieren, den Flug des Balles durch die Art und Weise des Durchschwunges beeinflussen zu wollen. Sobald Schlagfläche und Ball aufeinandergetroffen sind, gehört der Schlag der Vergangenheit an. Was Sie mit Ihrem Schläger nach dem Treffmoment machen, hat auf den Flug des Balles also keinerlei Einfluß.

In zwei anderen Beziehungen sind Art und Weise des Durchschwunges aber keineswegs unwichtig.

Erstens gibt er einen Wertmaßstab für den gesamten bisherigen Bewegungsablauf und - anders herum gesehen -, das Bemühen um einen korrekten Durchschwung wird außerdem dazu führen, daß der gesamte Bewegungsablauf in einer optimalen Weise und Bahn abläuft.

Mir persönlich zeigt der Durchschwung auch noch an, ob ich im gesamten Schwungablauf mein Gleichgewicht behalten habe. Bin ich am Ende des Durchschwunges noch gut im Gleichgewicht, so spricht alles dafür, daß dies während des ganzen Schwunges der Fall war - und umgekehrt. Im negativen Fall gehe ich dann noch einmal die Schwungvorbereitungen und den Ablauf des Rückschwunges durch, um den Fehler zu finden und benutze den Rückschwung schließlich als endgültiges Kriterium. Ich kann auch Ihnen nur dazu raten.

Auch für meine gesamte Schwungbahn ist der Durchschwung ein wertvolles Indiz.

Im Idealfall sollte ja der Durchschwung den Rückschwung widerspiegeln. Wenn Sie aber Ihren Schwung nicht filmen lassen, so können Sie das selbst gar nicht erkennen, und deshalb sollte man sich als ernsthaft bemühter Golfer nur auf einen erfahrenen Lehrer verlassen, der einen gut kennt und den Schwung genau analysieren kann.

Jack Grout kontrolliert das regelmäßig bei unseren Übungsstunden. Stimmen die beiden Schwungbahnen nicht überein, so suchen wir den Grund. Er liegt meistens in einem falschen Ausrichten beim Ansprechen des Balles oder einem falschen Einsetzen des Abschwunges.

Sie werden also immer Schwierigkeiten haben, wenn die beiden Schwungbahnen nicht weitgehend übereinstimmen.

Ein voller Durchschwung ist vor allem bei den langen Schlägern ein gutes Indiz dafür, wie gut Sie den Schläger in den Ball hineingeschwungen haben. Je besser dies geschehen ist, desto größer wird der Zug des Schlägerkopfes sein, und desto weiter wird er im Durchschwung um Sie herum- und hinter Ihnen nach unten schwingen. Wenn der Schlägerkopf des Drivers am Ende des Durchschwunges bei mir nicht unterhalb der Hüfte liegt, so war es kein sauberer voller Schlag. In dem Fall muß ich dann wieder zurückgehen, um die Ursachen in den Anfangsphasen des gesamten Schwunges zu suchen. Auch die Ausrichtung des Körpers am Ende des Durchschwunges ist für den erfahrenen Golfer informativ. Im Idealfall sollte der Körper direkt zum Ziel gewandt sein. Hat er sich weiter gedreht, so liegt der Verdacht nahe, daß der Spieler „over the top" geschwungen hat, weil er zu Beginn des Abschwunges die Beine und Hüften vermutlich nicht genügend zum Ziel hin eingesetzt hat. Bleibt der Körper dagegen zu weit hinter dem Schlägerkopf zurück, so hat der Spieler wahrscheinlich seine Arme, Handgelenke, Hände und auch den Schlägerkopf „blokkiert", weil er zu Beginn des Abschwunges die unteren Körperpartien zu sehr nach der Seite verschoben hat, anstatt sie zum Ziel hin einzusetzen und aufzudrehen.

Auf dem Übungsplatz stelle ich mir dann schon manchmal vor, wie der optimale Durchschwung ausschauen und was für ein Gefühl ich dabei haben sollte. Diese Vorstellung versuche ich dann, im richtigen Schwung zu realisieren. Man spannt damit allerdings den Gaul hinter die Karre – Wirkung vor Ursache; wenn Schwungvorbereitungen und Rückschwung an sich in Ordnung sind, können solche Vorstellungen unter Umständen aber doch ganz nützlich sein.

Ich finde auch, daß es für Timing und Tempo eine Hilfe darstellt, weil es mich zwingt, an den ganzen

Schwungablauf zu denken und nicht nur an die vielen kleinen Einzelheiten. Und nicht zuletzt bewahrt es mich davor, hypnotisch auf den Ball „fixiert" zu sein.

Eine der größten, immer wieder zitierten Herausforderungen im Golf besteht ja darin, daß der elende Ball nirgendwo hingeht, bevor *Sie* ihn nicht getroffen haben. Unter schwachen Spielern führt das leicht dazu, daß sie *nach dem Ball schlagen* anstatt *durch ihn hindurch*. Vielleicht kommt das von dem geradezu hypnotischen Effekt, den dieses indifferente kleine Biest zeitweise ausübt. Selbst gute Golfer sind davon nicht ganz frei und finden dann unter Umständen das traurige Ergebnis auf ihrer Scorekarte wieder.

Ich versuche, dieses Moment schon bei den Vorbereitungen auf den Schlag auszuschalten, indem ich in dem Ball einfach einen Gegenstand sehe, der durch einen guten Schwung weggeschlagen wird.
Ein Ratschlag, den ich nur weitergeben kann.

Obwohl der Versuch, den Flug des Balles durch Art und Weise des Durchschwunges beeinflussen zu wollen, natürlich sinnlos ist – weil es dann viel zu spät ist –, können Sie aus dem Durchschwung doch gewisse Rückschlüsse auf die Güte des gesamten Schwungablaufes ziehen. Gelingt es Ihnen, am Ende des Durchschwunges voll ausbalanciert dazustehen, so spricht das dafür, daß auch der gesamte Schwung einen ausgeglichenen Ablauf hatte

Hauptsächlich Fotos

Der vollständige Schwung wieder als Ganzes gesehen

Wenn Sie eine Naturbegabung für Golf haben, so mögen Sie es vielleicht sehr gut spielen, auch ohne viel über seine Technik zu wissen. Leider hat die Geschichte gezeigt, daß es nur wenige gibt, die vom Schicksal derartig begünstigt sind.

Die meisten Leute kommen im Golf nur mit viel Mühe und Geduld so weit, daß sie die einzelnen Komponenten des Schwunges und ihr Zusammenwirken klar erfassen.

Eine Schwierigkeit besteht darin, daß wir den an sich geschlossenen Bewegungsablauf eines Golfschwunges nur in seinen Einzelteilen untersuchen und analysieren können. Denn so gut Sie auch die für den Gesamtablauf wichtigen einzelnen „Haltungen" und „Stellungen" lernen mögen, ein erfolgreicher Golfer können Sie nur werden, wenn Sie lernen, durch diese Haltungen und Stellungen *hindurchzuschwingen* und nicht nur von einer zur anderen. Deshalb ist im Endeffekt ein kontrollierter, reproduzierbarer Bewegungsablauf viel wichtiger als die mechanischen Einzelheiten. Das Problem wird dadurch noch erschwert, daß man Bewegung nur gefühls- und nicht verstandesmäßig erfassen und in sich aufnehmen kann.

In diesem Buch wie in den meisten anderen Golfbüchern auch mußte ich mich notgedrungen viel mit den mechanischen Einzelheiten beschäftigen, aber ich habe doch immer wieder versucht, auch die durch einen Golfschwung ausgelösten Gefühle zu beschreiben und zu analysieren.

Wenn wir den Schwung nun wieder als Ganzes aus vier verschiedenen Blickwinkeln sehen, so sollten Sie die mechanischen Einzelheiten mal ganz vergessen und sich nur auf den *Bewegungsablauf* konzentrieren, so wie er in den nachfolgenden Fotoserien dargestellt wird.

Um es Ihnen zu erleichtern, habe ich unter jedem Bild meinen Eindruck von der jeweils dargestellten Bewegung und von den körperlichen Empfindungen in der betreffenden Schwungphase beschrieben.

Um Sie auf die Bilderfolge richtig einzustimmen, möchte ich eine wichtige Aussage über den Schwung noch einmal wiederholen: „Versuchen Sie niemals, Schritt für Schritt oder Stück für Stück zu schwingen. Ein wirkungsvoller Golfschwung ist vor allem eine *fließende Bewegung,* und je weniger Sie diesen Bewegungsablauf im Spiel dirigieren oder gar sezieren, desto reibungsloser und erfolgreicher wird er sein."

Drehen des Kinns nach rechts vom Ziel weg, um den Schwung auszulösen und ihn nicht aus einer starren Haltung heraus einsetzen zu lassen

Alles schwingt zusammen zurück, weich, harmonisch und wohl aufeinander abgestimmt

Die Handgelenke knicken von selbst ab als Reaktion auf die anwachsende Zugkraft des Schlägerkopfes

Die Sprungfeder ist um eine feste Achse voll aufgedreht, und ich bin richtig „gesammelt“ für den Wechsel von Auf- zu Abschwung

Einsatz und Ablauf des Abschwunges von unten nach oben – zuerst die Füße, dann die Knie und zuletzt die Hüften

Hände und Handgelenke schwingen den Schlägerkopf in den Ball hinein, während die Schultern durch das Zurückdrehen der unteren Körperpartien wieder square zur Linie zum Ziel stehen

Der vom linken Arm und Schläger beim Ansprechen des Balles gebildete Radius ist wiederhergestellt und die Schlagfläche im Treffmoment square ausgerichtet

Der Schlägerkopf folgt dem Ball ungehindert, während der Oberkörper noch merklich hinter dem Treffpunkt zurückbleibt

Der ganze Körper entspannt sich und dreht sich unter dem weiterhin „ruhig" gehaltenen Kopf zum Ziel

Die Zugkraft des Schlägerkopfes zieht den Schwung bis zum Ende, der Körper ist voll ausbalanciert, und die Gürtelschnalle zeigt genau zum Ziel

Weiches, leichtes und „ruhiges“ Einsetzen des Rückschwunges aus einem Gefühl von gelockerter und dennoch einsatzbereiter Spannung

Der Schläger schwingt auf der korrekten Bahn nach innen zurück als Reaktion auf das in einer geschlossenen Bewegung ablaufende Aufdrehen von Körper und Armen

Während der sich aufdrehende Oberkörper das linke Knie zum Ball hinzieht, hebt sich der linke Hacken vom Boden ab

Äußerstes Aufdrehen von Füßen und Schultern signalisiert die Bereitschaft, nunmehr alles in den Abschwung zu werfen

Füße, Knie und Hüften führen und ziehen die Schultern und Arme. Nur so kann der Schläger in der korrekten Schwungbahn bleiben

Jetzt wird der Schlägerkopf von den Händen und Handgelenken mit aller Kraft durch den Ball hindurchgepeitscht

Die linke Seite führt den Schwung immer noch, aber die rechte tritt jetzt auch voll in Aktion

Beide Arme strecken sich zum Ziel und „jagen" den Ball unter einem „ruhigen" Kopf hindurch, während der Körper sich langsam zum Ziel hin aufdreht

Der Schlägerkopf zieht mit seiner Schwungkraft die rechte Hand über die linke, und das Körpergewicht verlagert sich fast vollständig nach links

Die Augen folgen dem Ball, während die Bewegung ohne irgendein unangenehmes Gefühl und ohne Verlust des Gleichgewichtes ausklingt

Das Wegdrehen des Kinns nach rechts erleichtert nicht nur das Einsetzen des Schwunges, es macht auch den Weg frei für ein volles Aufdrehen des Körpers

Der Oberkörper kontrolliert das Aufdrehen, er arbeitet als eine Einheit, und er zieht dabei das linke Knie nach

Während der Oberkörper sich weiter aufdreht, stützt das fest am Boden verankerte rechte Bein dabei diesen Bewegungsablauf ab

Aufgedreht und aufgezogen, soweit es physisch möglich ist, ohne dabei die Kontrolle über Körper und Schläger zu verlieren

Der linke Fuß wird zuerst fest aufgesetzt, dann setzt das rechte Knie ein, und die Hüften drehen sich zum Ziel

Rechte obere Seite und rechter Arm noch „unter" der linken, bis Hände und Handgelenke den Schlägerkopf voll durch den Ball hindurchgeschlagen haben

Bis auf Kopf, Hände und Arme dreht sich im Treffmoment alles zum Ziel

Arme und Hände folgen der Drehung des Körpers und lassen den Schlägerkopf nach innen durchschwingen

Während die Schwungkraft des Schlägerkopfes und die Rotation des Körpers den Kopf nun endlich auch herum-, aber „nicht“ nach „oben“ ziehen, wird das Gewicht fast vollständig auf die linke Seite verlagert

Das Gewicht liegt auf der Außenseite des linken Fußes und etwas auf den Zehen des rechten, während die Hände den Schläger weit herum hinter den Kopf schwingen

Was immer Sie als „Schwungauslöser" bevorzugen mögen, Sie sollten bis zum eigentlichen Einsetzen des Rückschwunges jedenfalls immer ganz leicht in Bewegung bleiben

Unmittelbar nachdem der Schlägerkopf den Ball verläßt, setzt das Aufdrehen der linken Schulter ein. Nur dann kann der Schlägerkopf in einem geschlossenen Bewegungsablauf weit und tief zurückschwingen

Zusammen mit dem Schwung der Arme nach innen und oben drehen sich Schultern und Hüften auf, wobei bis zum Ende des Rückschwunges kein Teil den anderen „überholen" darf

Die Schultern drehen sich weiter auf als die Hüften; aber auch diese müssen sich weit genug aufdrehen, damit das Körpergewicht voll und ganz hinter dem Ball bleiben kann

Während die unteren Körperpartien den Abschwung einleiten und führen, senkt sich der rechte Ellenbogen und bleibt dabei nahe an der rechten Körperseite

Hände und Handgelenke peitschen den Schlägerkopf mit höchster Geschwindigkeit durch den Ball und schwingen dabei nach wie vor um die seit dem Ansprechen bestehende feste Achse herum

Die Ausrichtung der Schultern entspricht im Treffmoment für einen kurzen Augenblick derjenigen beim Ansprechen des Balles, nämlich square zur Linie zum Ziel

Während der Ball schon im Flug ist, sind Hände und Oberkörper noch merklich hinter ihm. Das ist das Ergebnis eines vollen und freien Schwunges aus den Händen, Handgelenken und Armen

Als natürliche Reaktion auf die starke Zugkraft des Schlägerkopfes rollt die rechte Hand schnell über die linke – ein weiteres Zeichen für einen vollen Schlag durch den Ball

Der Kopf bleibt am gleichen Platz und in der gleichen Ebene wie beim Ansprechen des Balles, er dreht sich nur nach links, um an den Armen vorbei dem Ball nachzuschauen, während der Körper den Durchschwung vollendet

Verschiedene Schläger – aber der gleiche Schwung

Viele Anfänger glauben – und sie müßten möglichst schnell von diesem Irrtum geheilt werden –, daß jeder Schläger in der Tasche einen anderen Schwung verlangt. Wenn das wahr wäre, so würde dieses an sich schon ungeheuer schwierige Spiel buchstäblich unmöglich werden. Glücklicherweise ist genau das Gegenteil der Fall, was wir Ihnen mit diesen und den nächsten Bilderfolgen beweisen wollen.

Sie sehen mich hier beim Schwung mit einem Driver, einem Eisen 2, einem Eisen 5, einem Eisen 8 und einem Pitching Wedge. In jedem Fall sind Stellung am Ball und Schwungkonzept im Grunde die gleichen. Wenn ich nicht aus irgendeinem Grund einen Spezialschlag versuche, kann es beim Schlagen der Bälle eigentlich nur drei Unterschiede geben:

Erstens: Je kürzer der Schlägerschaft ist, desto näher muß ich naturgemäß am Ball stehen.

Zweitens: Das „Ausmaß" des ganzen Schwunges – die Bewegung des Körpers und der Schwungbogen des Schlägerkopfes – verringern sich bei kürzeren Schlägern mit stärkerem Loft, bei denen es im Schlag weniger auf Kraft und mehr auf Präzision ankommt.

Drittens: Ich verringere meine Standbreite, indem ich den rechten Fuß näher an den linken heranziehe, um meinen Stand dem geringeren Körpereinsatz und der vermehrten Schlagkontrolle anzupassen.

Bitte, glauben Sie mir, das Geheimnis guten Golfs liegt nicht in 14 verschiedenen Schwungabläufen, sondern darin, *einen sicheren und harmonisch ablaufenden Schwung zu beherrschen!* Dazu kommt natürlich noch das Putten – aber das ist ein anderes Buch!

DRIVER

EISEN 2

EISEN 5

EISEN 8

PITCHING WEDGE

DRIVER

EISEN 2

EISEN 5

EISEN 8

PITCHING WEDGE

Das „Steuern" des Balles

Aus Gründen der Klarheit habe ich in diesem Buch bei der Abhandlung des vollen Schwunges immer nur von schnurgerade geschlagenen Bällen gesprochen. Bei dem Thema „Zielansprache" erklärte ich schon im Kapitel 1, daß nur ganz wenige Spitzenspieler einen schnurgeraden Ball anstreben. Sie bevorzugen generell entweder einen Draw oder einen Fade.

Spitzenspieler können ihren Ball je nach den Umständen natürlich auch nach links oder rechts abdrehen lassen und – was oft noch wichtiger ist – die Flughöhe variieren. Dieses Buch wäre also nicht vollständig, ohne diese Techniken zumindest kurz zu streifen.

Es gibt mindestens drei Möglichkeiten, um den Ball von links nach rechts oder von rechts nach links abdrehen zu lassen. Jack Grout hat mir in meiner Jugend die einfachste beigebracht, und ich wende sie heute noch an. Es ist bei einem gleichbleibendem Schwung lediglich ein unterschiedliches Ausrichten von Körper und Schlagfläche.

Wenn ich meinen Ball in einem Bogen von links nach rechts spielen will, dann stelle ich mich zuerst genau hinter den Ball und suche mir die *direkte* Linie zum Ziel. Dann überlege ich mir, wie weit nach links von dieser Linie mein Ball starten soll und suche mir auf dieser Linie am Boden in etwa drei Meter Entfernung einen Markierungspunkt. Wenn ich mich nun an den Ball stelle, richte ich meine Schultern, Hüften, Knie und Füße *parallel zu dieser Startlinie meines Balles aus.*

Nicht etwa parallel zur *wirklichen* Linie zum Ziel

Ball von links nach rechts gespielt

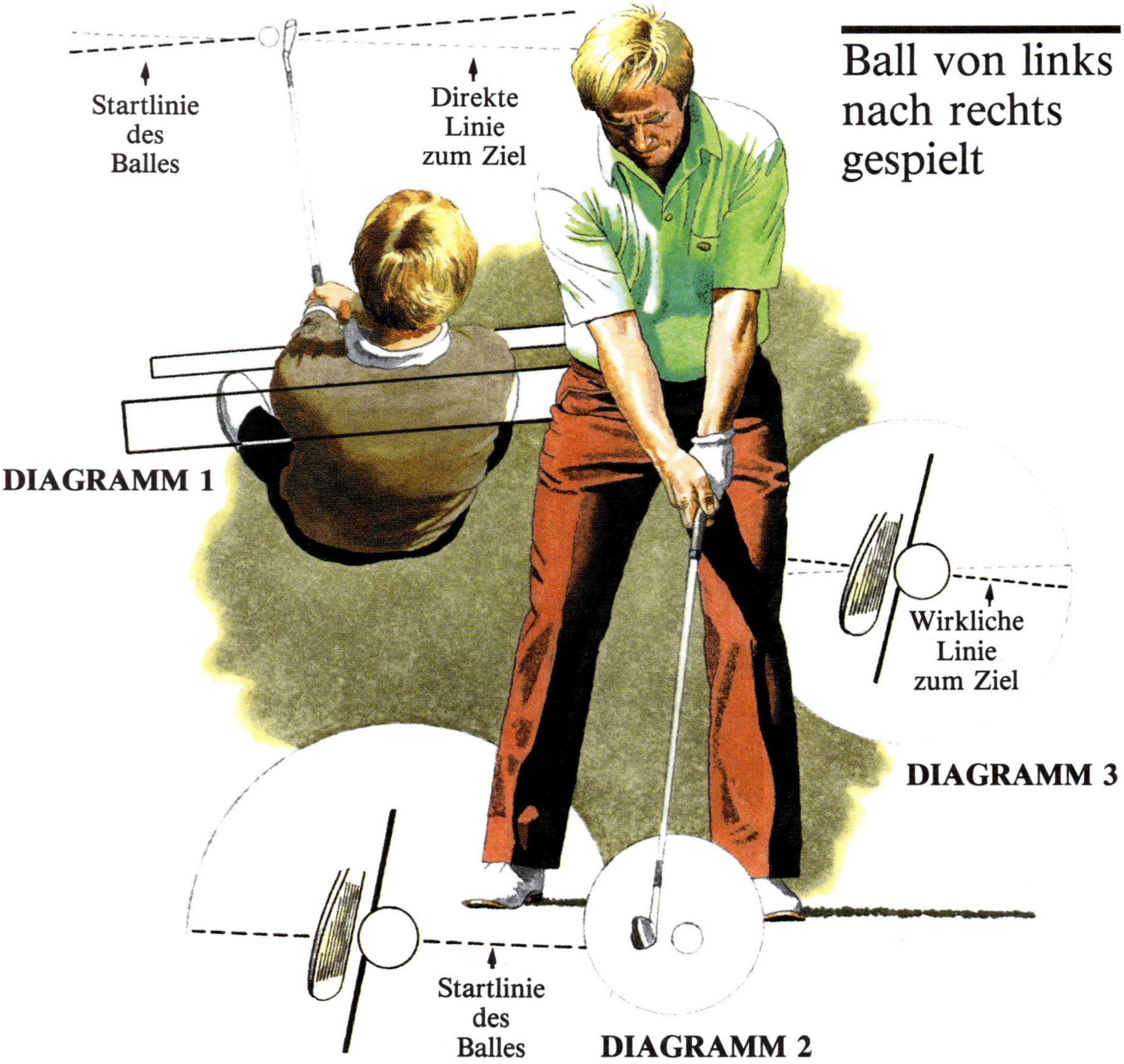

(siehe Diagramm Nr. 1). Damit startet der Ball in die von mir gewünschte Richtung.

Als nächstes baue ich nun die Kurve in den Flug des Balles ein, indem ich die Schlagfläche beim Ansprechen *im Verhältnis zur Startlinie meines Balles* aufdrehe, nicht etwa im Verhältnis zur direkten Linie zum Ziel! Dieses Aufdrehen der Schlagfläche geschieht – und das ist besonders wichtig –, ohne den Griff am Schlägerschaft zu wechseln und *ohne die Ausrichtung meiner Hände im Verhältnis zu meinem Körper zu verändern* (siehe Diagramm Nr. 2).

Soll es nur ein leichter Fade werden, so richte ich meinen Körper auch nur wenig nach links aus und drehe das Schlägerblatt nur gering auf. Bin ich aber auf einen richtigen Slice aus, stelle ich mich sehr viel mehr nach links und drehe das Schlägerblatt weit auf, vielleicht sogar so weit, daß es jetzt selbst im Verhältnis zur *wirklichen* Linie zum Ziel aufgedreht ist (siehe Diagramm Nr. 3).

Wenn ich sicher bin, dies alles richtig gemacht zu haben, schwinge ich den Schläger ganz normal und verlasse mich völlig darauf, daß die vorgegebene Schwungbahn des Schlägerkopfes und die Ausrichtung der Schlagfläche im Treffmoment zu dem gewünschten ,,Bogenflug" führen.

Für einen Draw oder Hook wird dieser Prozeß einfach umgekehrt. Ich richte meinen Körper nach rechts aus und schließe die Schlagfläche im Verhältnis zur Startlinie des Balles. Dann schwinge ich den Schläger wieder ganz normal (siehe Diagramm Nr. 4–6).

Wie ich vorhin schon sagte, gibt es auch noch andere Methoden, einen Ball im Bogen zu schlagen, und wenn Sie eine kennen, die bei Ihnen gut funktioniert, so blei-

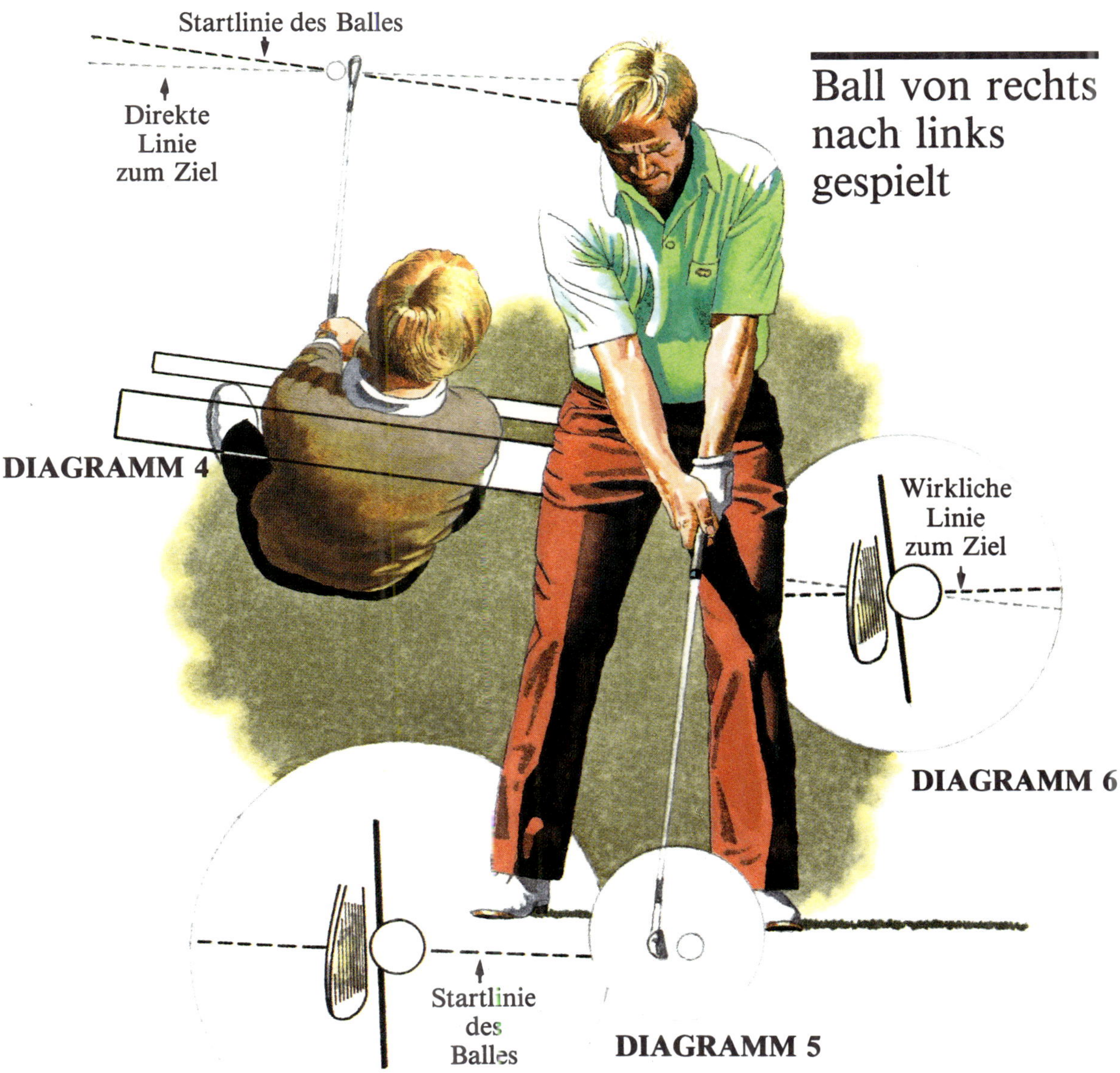

ben Sie bitte dabei. Haben Sie aber bei der ,,Gestaltung“ der Schläge Schwierigkeiten, so können Sie ja mal meine Methode versuchen.

Zwei Dinge muß ein Golfer können, wenn er die Flugbahn seines Balles manipulieren will. Er muß drei Grundregeln verstehen und dieselben dann durch systematisches Üben in die Praxis umsetzen.

Die erste Regel besagt, daß Backspin einen hohen Ball ergibt. Je weniger Backspin Ihr Ball also hat, desto flacher wird er fliegen. Je tiefer Sie aber den Schläger am Schaft greifen, desto weniger Backspin geben Sie Ihrem Ball, und desto flacher wird seine Flugbahn mit jedem Schläger sein.

Die zweite Regel besagt, daß Sie durch eine Veränderung der Lage des Balles im Verhältnis zu Ihren Füßen den effektiven Loft der Schlagfläche ebenfalls verändern können. Spielen Sie den Ball mehr vom rechten Fuß, ohne die Position der Hände zu verändern, so verringern Sie bei jedem Schläger den effektiven Loft und schlagen automatisch einen flacheren Ball. Spielen Sie den Ball dagegen mehr vom linken Fuß, wiederum ohne Veränderung der Position Ihrer Hände, so erhöhen Sie den effektiven Loft und geben dem Ball eine höhere Flugbahn.

Die dritte und letzte Regel betrifft das Ausrichten der Schlagfläche. Je mehr Sie die Schlagfläche beim Ansprechen des Balles und im Treffmoment zudrehen, desto

Der flach geschlagene Ball

DIAGRAMM 7

mehr nehmen Sie dem Schlägerblatt den Loft, und desto flacher fliegt Ihr Ball (in diesem Fall aber dann als starker Hook von rechts nach links).

Je mehr Sie dagegen das Schlägerblatt aufdrehen, desto stärker wird der effektive Loft, und desto höher fliegt der Ball (in diesem Fall aber dann als ausgesprochener Slice von links nach rechts).

Soll der Ball also extrem flach bleiben, so werden Sie den Schläger tief am Schaft greifen, den Ball noch weiter vom rechten Fuß spielen, das Schlägerblatt soweit wie nur möglich zudrehen und dann mit einem erheblichen Hook und weitem Ausrollen des Balles rechnen Bei einem extrem hohen Schlag würden Sie dagegen den Schläger am äußersten Ende des Schaftes greifen, den Ball weit vom linken Fuß spielen, das Schlägerblatt stark aufdrehen und einen relativ starken Slice sowie nur kurzes Ausrollen des Balles einkalkulieren.

Und was liegt zwischen diesen Extremen? Das gehört dann leider zu den „Finessen" des Spiels, die man weder aus Büchern noch in Trainerstunden lernen kann. Da hilft nur ausdauerndes Üben und Experimentieren.

Die Mühe lohnt sich aber; denn die Fähigkeit, die Flughöhe des Balles zu beeinflussen, schlägt sich mit Sicherheit in Ihrem Score nieder.

Der hoch geschlagene Ball

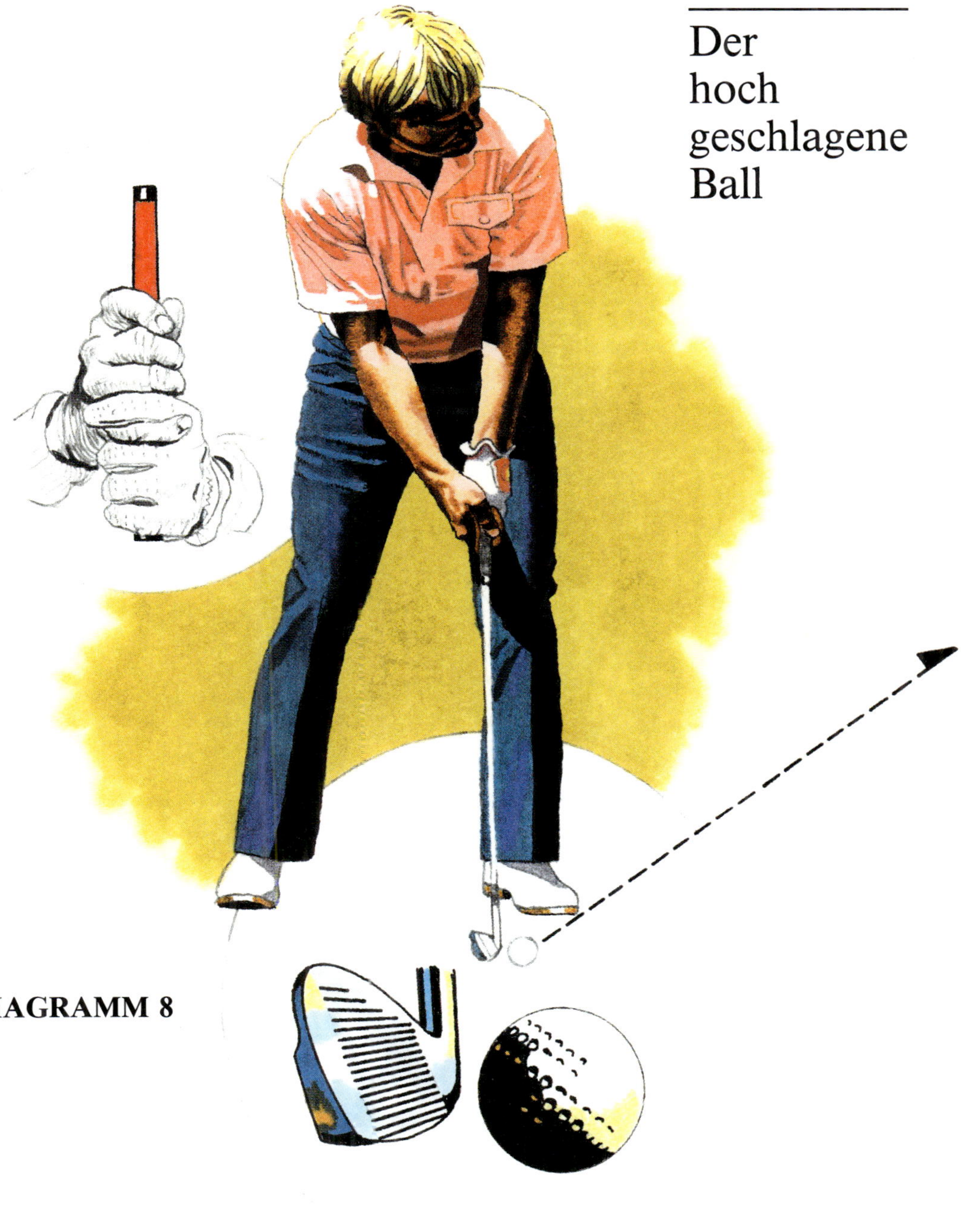

DIAGRAMM 8

Tempo und Timing

Genauso wie ich versuche, jeden Schläger mit dem gleichen Schwung zu schwingen, so bemühe ich mich auch, jeden Schläger im grundsätzlich gleichen Tempo zu schwingen. Die Fotoserie zeigt, daß ich diesem Ideal ziemlich nahekomme.

Alle Fotoserien von meinem Schwung in diesem Buch wurden mit derselben Kamera und einer Belichtungszeit von $^{1}/_{75}$ sec aufgenommen. Auf den Seiten 166–169 (?) sehen Sie zehn Folgen des gesamten Schwungablaufes mit dem Driver, dem Eisen 2, dem Eisen 5, dem Eisen 8 und dem Pitching Wedge. Jede Serie beginnt in dem Augenblick, in dem der Schlägerkopf den Ball verläßt, und in jeder Serie ist der zeitliche Abstand zwischen den einzelnen Aufnahmen der gleiche. So können Sie erkennen, daß ich bei allen fünf Schlägern im jeweiligen Augenblick des Schwunges fast genau an der gleichen Stelle angelangt bin.

Da ich ein von Natur aus bedächtiger Mensch bin und einen sehr weiten Schwung habe, ist mein Schwungtempo eher langsam. Das hat mein Können und meine Ausdauer sicherlich gefördert. Ich würde daher anderen Spielern zu einem *gemäßigten* Schwungtempo raten.

Leider kollidiert die gute Absicht manchmal mit der Persönlichkeit des Betreffenden. Wer im allgemeinen schnell und abrupt agiert, wird mit einem Golfschläger in der Hand im Zweifel auch dazu neigen. In dem Fall sollten Sie wahrscheinlich versuchen, so zu schwingen, wie es Ihrem natürlichen „Lebenstempo" entspricht; denn dann werden Sie unter Druck zumindest nicht noch hastiger schwingen.

Wie schnell und wie weit Ihr Schwung auch immer sein mag, einen Begriff sollten Sie beim Üben und im Spiel immer im Auge behalten – das „Fließen"!

Je weniger fließend Ihre Bewegungen in jeder Phase Ihrer Handlungen im Spiel sind, von dem Moment, in dem Sie den Schläger aus der Tasche ziehen, desto schlechter werden Sie Ihren Ball treffen. In dem Zusammenhang erinnere ich Sie an eine Bemerkung von mir in Kapitel 5, als wir über den Einsatz des Schwunges sprachen: *„Die Stimmung und innere Einstellung am Anfang des Schwunges bestimmen dieselben für den Ablauf des gesamten Schwunges."*

Mit anderen Worten – fangen Sie den Schwung hastig und abgehackt an, so werden Sie ihn auch hastig und abgehackt beenden.

Hier sind ein paar Tips, die Ihnen vielleicht helfen, weich und fließend zu agieren.

- Überhasten Sie vor einem wichtigen Spiel *überhaupt nichts.* An Turniertagen, rechne ich von meiner Startzeit zurück, nehme mir mindestens eine Stunde, um mich ganz allgemein für den Tag einzustellen und sicher noch eine weitere für alle Vorbereitungen auf dem Platz plus genügend Fahrzeit.
- Beim Golfschwung beschleunigen Sie den Schläger zunächst (vom Ball weg), dann verlangsamen Sie sein Tempo (am Ende des Rückschwunges), dann beschleunigen Sie ihn wieder (im Ab- und Durchschwung) und verlangsamen ihn noch einmal (am Ende des Durchschwunges). Je besser diese Tempowechsel „geschmiert" sind – um diese köstliche Bezeichnung von Sam Snead auszuleihen –, desto besser werden Sie spielen.
- Weich und flüssig zu schwingen ist unmöglich, wenn Sie den Schläger bei diesem Bewegungsablauf zu fest „packen". Sie können das verhindern, indem Sie ihn beim Ansprechen des Balles nur ganz leicht greifen und die Hände erst kurz vor dem Einsetzen des Rückschwunges zwar fester, aber keineswegs verkrampft um den Schaft legen. Diesen Griff sollten Sie dann während des ganzen Schwunges beibehalten, und wenn Sie überhaupt falsch greifen, dann bitte höchstens zu leicht.
- Denken Sie: „Ich kann den Golfball nicht mit dem Rückschwung schlagen." Denken Sie: „Erst ganz nach oben und dann wieder nach unten schwingen." Denken Sie: „Vollende den Rückschwung!" Denken Sie an diese guten Vorsätze, vor allem, wenn das Spiel schlecht läuft und Sie stark unter Druck stehen.
- Versuchen Sie, in der ersten Phase des Abschwunges das gleiche Tempo beizubehalten wie im Rückschwung – vor allem mit den Händen. Sie werden im Abschwung sowieso schneller schwingen; aber allein der Versuch, das Rückschwungtempo beizubehalten, hilft zumindest, den Wechsel von Rückschwung zu Abschwung weicher ablaufen zu lassen. Das „Warten auf den Schlägerkopf" am Ende des Rückschwunges ist in diesem Zusammenhang auch recht nützlich. Warten Sie auf jeden Fall mit dem Abschwung, bis Sie das Gewicht des Schlägerkopfes am Ende des Schlägerschaftes deutlich fühlen können.
- Schlagen Sie auf dem Übungsplatz Bälle und lassen Sie dabei Ihre Füße an Hacken und Zehen fest zusammen. Wenn Sie dann nicht ganz weich schwingen, werden Sie garantiert umkippen.
- Wenn das mit dem Umkippen nicht aufhört, dann haben sich bei Ihnen tiefgreifende Fehler eingeschlichen, die einen weichen, fließenden Schwung *unmöglich* machen. Dann sollten Sie mit dem Spiel eine Weile aufhören und Stunden bei einem guten Lehrer nehmen; denn so kann das Spiel für Sie keine Freude mehr sein.

Golferinnen und Linksspieler

Wenn ich in diesem Buch immer vom „Golfer" gesprochen habe, so geschah das nicht aus Chauvinismus, sondern der Einfachheit und Klarheit halber. Immerzu „Er oder Sie" zu schreiben, mag in unserer heutigen Gesellschaft angebracht sein; es macht einen Text aber doch recht schwerfällig. Ich habe also die eigentliche Aussage über alles gestellt und kann nur hoffen, daß die Damen dies verstehen und mir verzeihen werden.

Dieses Buch ist offensichtlich vom Standpunkt eines Mannes geschrieben worden. Wenn man seine Aussagen aber der jeweiligen physischen Kraft und Kondition anpaßt, so gelten sie meiner Meinung nach genauso für den weiblichen wie für den männlichen Golfer. Sollten Sie daran zweifeln, so besuchen Sie doch mal ein Turnier der LPGA (Ladies Professional Golfers Association)!

Und genauso, wie in diesem Buch nur das männliche Geschlecht direkt angesprochen wird, habe ich den Golfschlag auch nur von der einen Seite des Balles beschrieben. Das war bei mir natürlich die rechte. Nun gibt es in der Welt aber viele Tausende von Links-Spielern (Golfer und Golferinnen), und ich finde, wenn ich ihnen schon nicht alles extra erklären kann, so sollte ich ihnen zumindest die bildliche Darstellung anbieten.

Auf den folgenden Seiten werden die Linkshänder die meiner Ansicht nach wichtigsten Fotos und Fotoserien dieses Buches seitenverkehrt finden. Diese Bilder sollten Sie als Linksspieler dann benutzen, wenn die von mir als Rechtshänder gemachten Aussagen in irgendeiner Weise für Sie unklar sind.

So etwas hat es in einem Golfbuch meines Wissens noch nie gegeben, und es wird hoffentlich dieser großen Gruppe von Golfern und Golferinnen helfen, die in all den Lehrbüchern über unser wundervolles Spiel bisher sträflich vernachlässigt wurden.

Eine leichtere Art zu schwingen Seite **10**

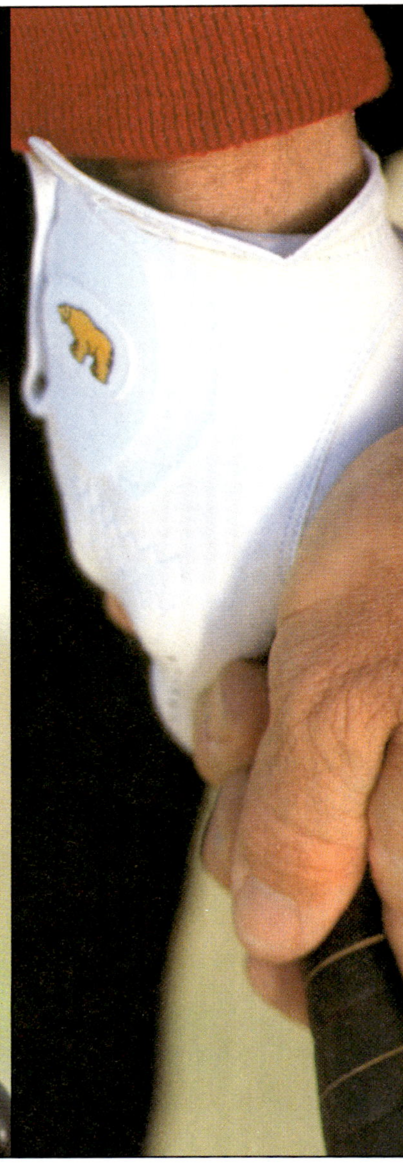

Ihr Griff ist
das Fundament
Ihres Golfschwunges
Seite **28**

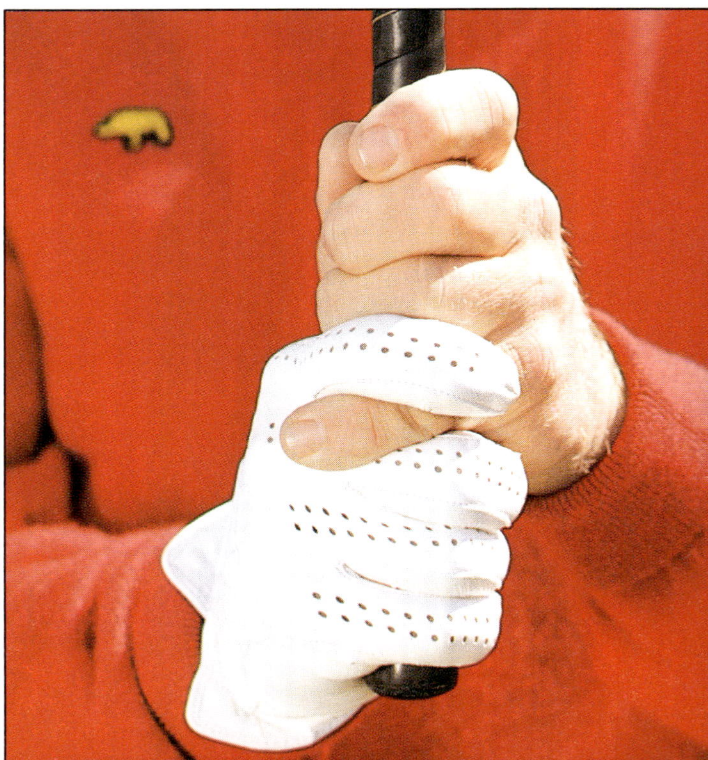

Das „Zusammenspiel“
beider Hände
Seite **37**

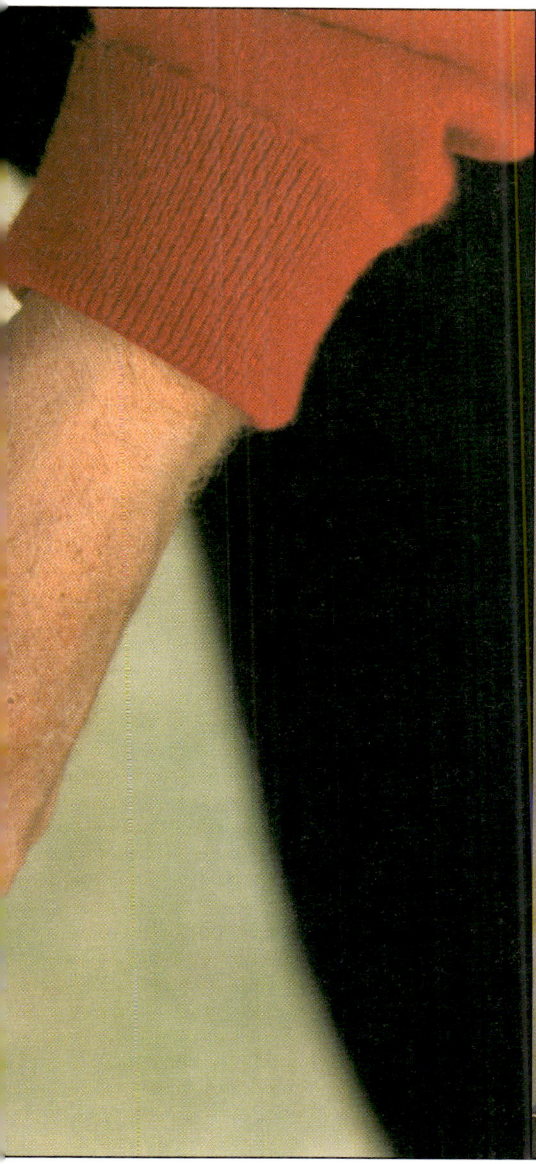

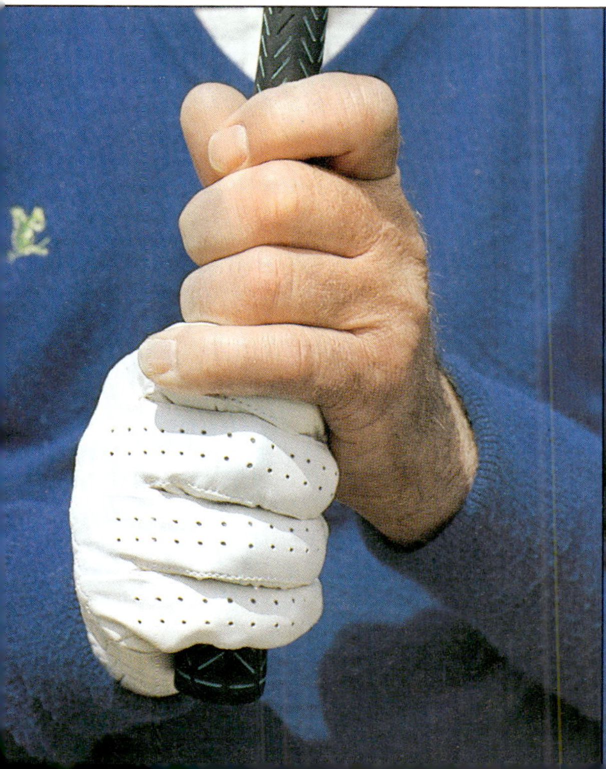

Sie gehen an den Ball
Seite **44**

Sie richten Ihren
Körper aus
Seite **49**

Die richtige Position des Balles erleichtert das Spiel
Seite **50**

Der sichere Weg,
von oben in den
Ball hineinzuschlagen
Seite **53**

Treffmoment mit
dem Driver
am tiefsten Punkt des
Schwungbogens
Seite **53**

Wie weit ab
stehen Sie vom Ball
Seite **54**

Die Stellung der Füße
Seite **59**

Die Kopfhaltung
Seite **61**

Seien Sie entspannt, aber dennoch alert
Seite **64**

Wie Sie alle Bewegungen in Gang setzen
Seite **71**

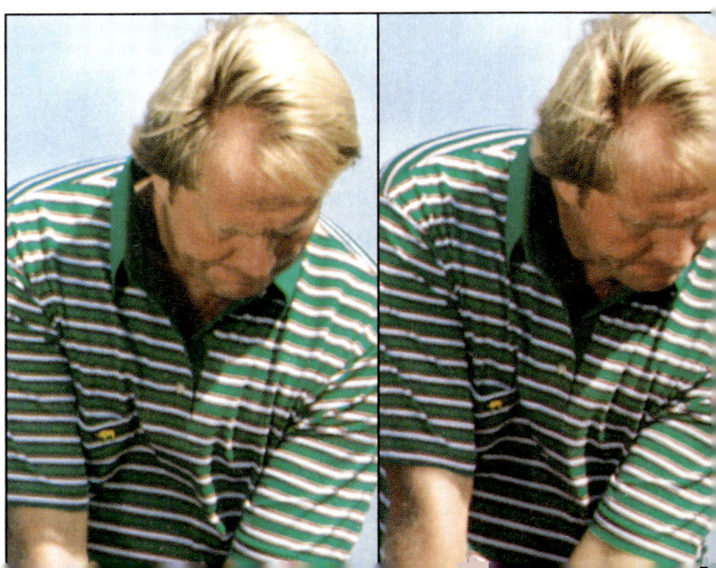

Schwungbahn des Schlägerkopfes
und Ausrichtung der Schlagfläche
Seite **72**

Der Zusammenklang aller Bewegungsabläufe
Seite **74**

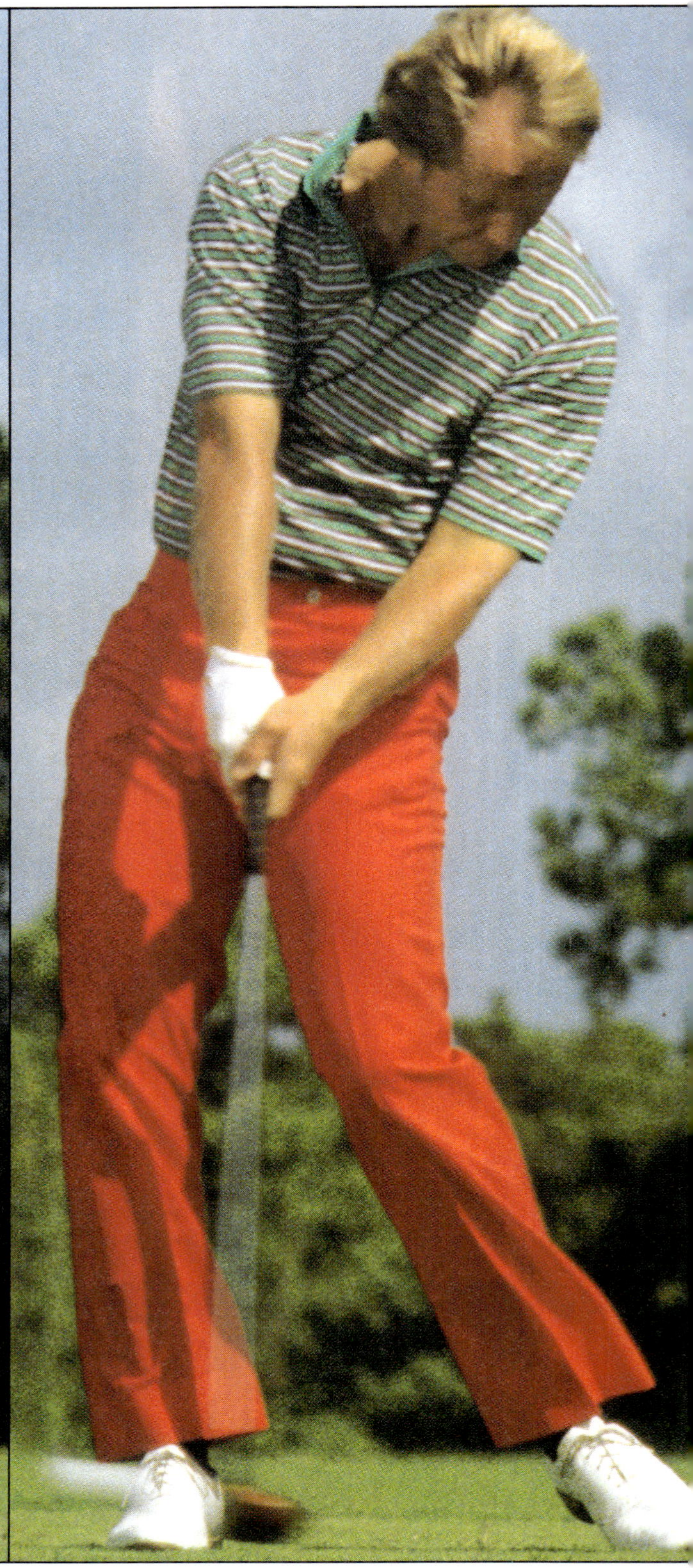

Die Rolle des Kopfes
Seite **83**

Der Einsatz des Oberkörpers
Seite **84**

Der Einsatz der unteren Körperpartien
Seite **91**

Der Einsatz der Hände und Handgelenke
Seite **89**

Kein Anhalten am Ende des Rückschwunges
Seite **99**

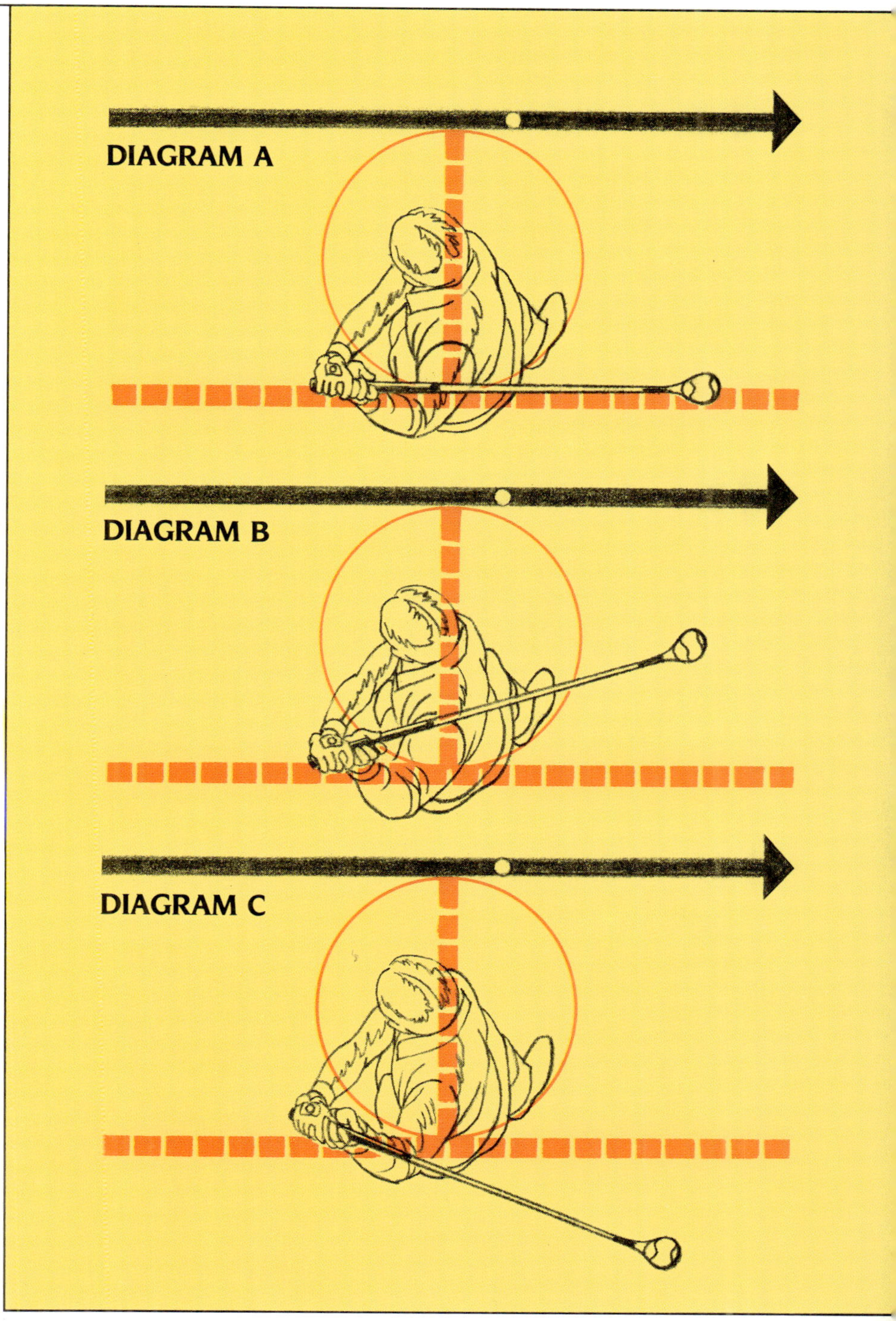

Zwei wichtige Winkel
Seite **94**

Was geschieht tatsächlich nach dem Einsetzen des Abschwunges

Seite **103**

Was heißt
„over the top“ –
und was ist
seine Ursache?
Seite **108**

Denken Sie
daran, den
„Kreis zu
schließen“
Seite **112**

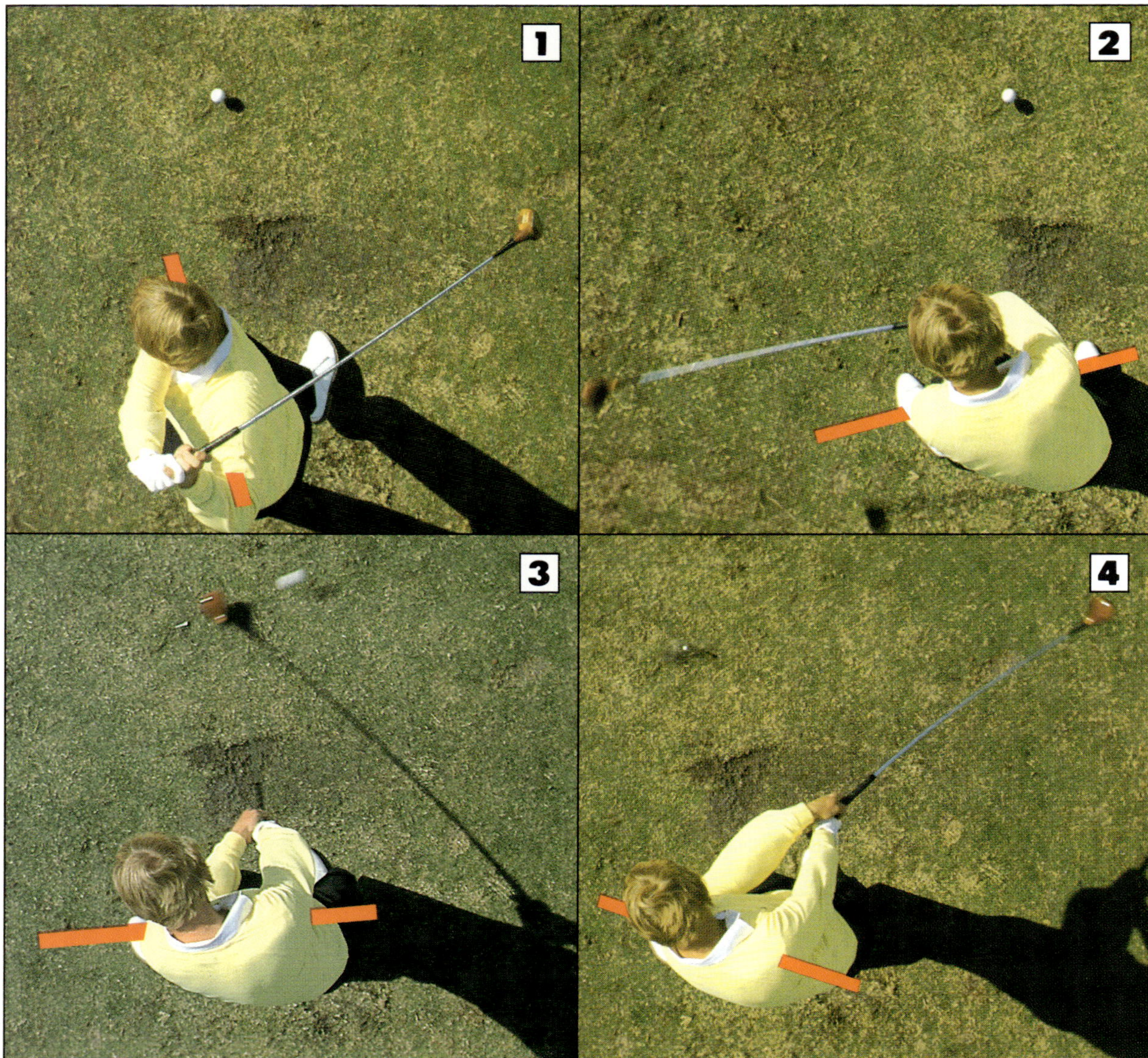

Halten Sie
die Schultern
bis zuletzt zurück
Seite **112**

Heben Sie
die linke
Ferse an
Seite **114**

Lassen Sie den linken Arm und die linke Seite zusammenwirken
Seite **117**

Nach dem Treffen des Balles

Seite **121**

Die Lektion, die ich niemals vergessen werde

Ich habe Golf angefangen aus Freude am Spiel, und die Freude daran ist für mich auch heute noch das allerwichtigste.

Als diese Freude dann Ende der 70er Jahre verlorenging, habe ich zuerst mein kurzes Spiel und dann den vollen Schwung neu aufgebaut. Ich liebe es, draußen in der schönen Natur zu sein, und ich schätze die Kameradschaft im Golf; die wirkliche Freude am Spiel hängt für mich aber letzten Endes doch davon ab, wie gut ich spiele.

Ich nehme an, daß Sie darin mit mir übereinstimmen, und hoffe daher, daß die Aussagen dieses Buches auch Ihnen etwas helfen werden.

Das Beste, was mir am Anfang meiner Laufbahn und in dem Lernprozeß Ende der 70er Jahre passiert ist, war die Begegnung mit Jack Grout als treuem Freund und großartigem Lehrer. Ich kann Ihnen nichts Besseres wünschen; denn es gibt auch unter den heutigen Spitzenspielern kaum einen, der nicht bei einem großen Lehrer in die Schule gegangen wäre.

Ein weiterer Rat: Wo und von wem auch immer Sie Hilfe suchen, halten Sie sich an die Grundregeln, machen Sie es sich so einfach wie möglich und schwingen Sie den Schläger so, wie es Ihren physischen Gegebenheiten am besten entspricht. Golf ist ein kompliziertes und schwieriges Spiel, aber nicht so kompliziert, wie manche es darstellen, und nicht ganz so schwierig, wenn Sie es Ihren persönlichen Fähigkeiten richtig anpassen.

Und vergessen Sie nie, daß Sie über dieses faszinierende und oftmals frustrierende Spiel noch soviel wissen können - Sie können immer noch dazulernen, und wie sehr Sie es auch beherrschen mögen - Sie können immer noch besser werden.

Leider hat es mich ein paar Jahre mäßigen Golfs und eine wirklich verheerende Saison gekostet, bis ich diese letzte Lektion gelernt habe. Ich werde sie ganz bestimmt nie wieder vergessen.

Jack Grout - ein treuer Freund, ein großer Lehrer und 1984 Kapitän des Muirfield Village Golf Clubs